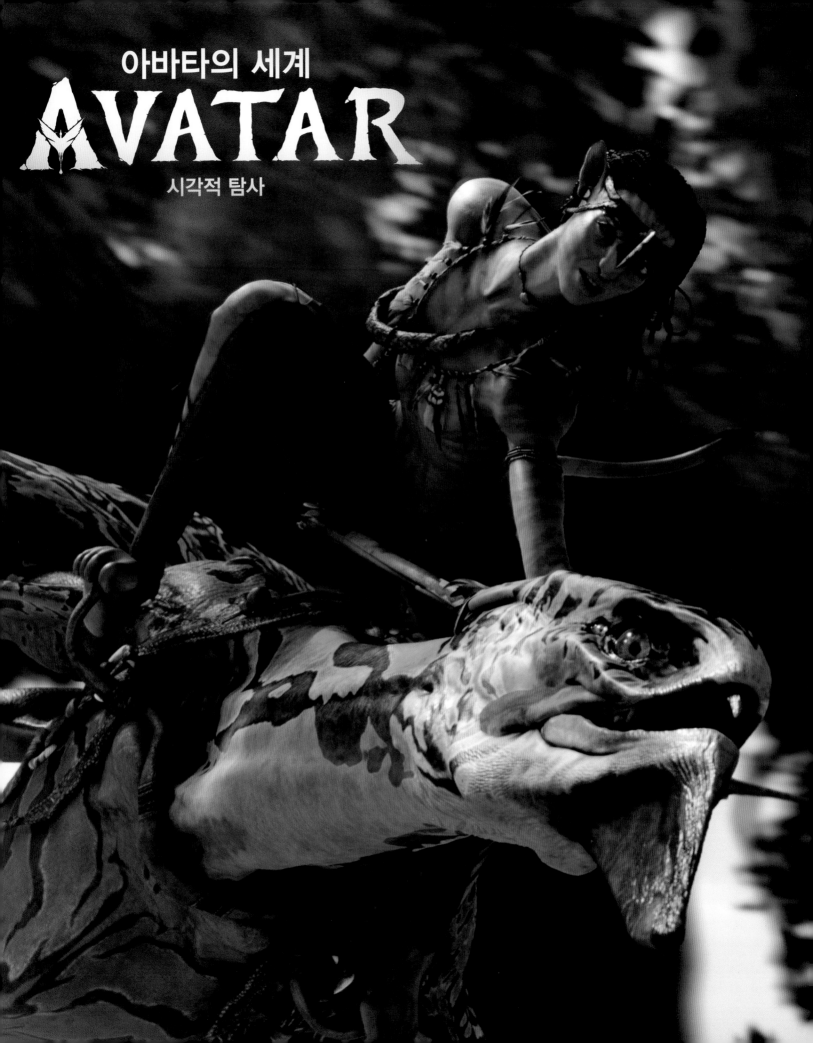

**일러두기**

1. 모든 단위는 미터와 킬로그램으로 표기

2. 고유명사는 가급적 음차하였고 우리말로 통용되는 단어는 외래어 표기법 적용

3. 나비어는 가급적 음차하였고 발음은 아래 사이트 참고
   https://learnnavi.drg/navi-vocabulary/

4. 나비어는 원서와 동일하게 이탤릭체로 표기

# 아바타의 세계
# AVATAR
## 시각적 탐사

원본 스토리, 캐릭터, 세계관
**제임스 카메론**

글·기획
**조슈아 이조**

할렐루야 산 16

열대우림 18

**2장 식물군** **20**

나무 22

식물 24

**3장 동물군** **26**

타나토어 28

바이퍼울프 30

해머헤드 타이타노데어 32

다이어호스 34

육상동물 36

수생동물 50

**4장 나비족** **52**

나비족의 신체적 특징 54

나비족의 사회 56

생존을 위한 사냥 58

의식과 의례 60

나비족의 언어 62

나비족의 역사 64

**5장 나비 부족들** **66**

오마티카야 부족 68

부족 인물 70

아바타 프로그램               102

연구팀원                        104

# 서문

아바타라는 여정에 처음 합류했을 때 도대체 어떤 작품이 나올까 상상도 할 수 없었다. 놀라운 스토리, 영화계에 몸을 담고 처음 보는 비주얼과 판도라라는 세계, 그리고 이를 구성하는 나비족의 언어와 문화 등 무엇 하나 허투루 만들어진 것 없이 완벽했다. 모든 것이 너무나도 멋있었다.

아바타가 개봉하고 몇 년 뒤 나는 세 아이의 엄마가 되었다. 아이들은 내게 빛과 같은 존재로 그들이 없는 삶은 생각도 할 수 없다. 아바타와 함께 성장한 아이들은 판도라와 네이티리, 제이크에 대한 이야기, 그리고 엄마의 무대인 멋지고 아름다운 외계 행성에 대해 줄줄 외우고 있다.

아바타 속편에서 다시금 네이티리 역할을 맡았는데 알고 보니 네이티리 역시 엄마가 되어 있었다. 그동안 내가 살아온 과정들은 다시금 내가 그 역할에 빠질 수 있게 해줄 경험이었다. 영화를 촬영하면서 느꼈지만 아바타 이야기는 다름 아닌 가족의 이야기이며 세상 모든 사람이 공감할 수 있는 내용이다.

아이들과 함께했던 일과 중 하나가 책읽기다. DK 책은 지금까지 그리고 앞으로도 내 가정생활의 일부이며, 아바타를 촬영할 때만 해도 아바타 책이 만들어져 가족과 함께 볼 날이 올 줄은 감히 상상도 하지 못했다.

아바타라는 멋진 여정을 아이들과 함께 할 수 있어 너무나도 영광이며 멋진 기회였고 친애하는 독자들도 나와 같은 축복을 누리길 바란다.

*Zoe Saldana*

조 샐다나

# 소개

1995년 제임스 카메론이 쓴 아바타 대본을
읽었던 순간을 결코 잊을 수 없다. 페이지 속에는
지금까지 내가 본 그 어떤 것보다 감흥을 주고
감성적이며 엄청난 영화적 아이디어로 가득했다.
캐릭터들은 매력적이고 공감대를 형성했으며 스토리는
보편적인 주제를 담고 있었다. 세계관은 또 어떻고?
한마디로 놀랍고 무궁무진했다.

이 세계를 영화 속에서 구현하기 위해 우리가 아는 가장
똑똑하고 창의력 넘치는 사람들을 불러모았다. 영화계 최고의 컨셉
디자이너는 물론이고 천체 물리학자, 식물학 교수, 세계적인 화가, 나비족
언어를 만들 언어학자, 그 외에도 여러 가지 멋진 재능을 가진 사람들로
팀을 채웠다. 팀원들이 창조해 낸 숨이 멎을 듯이 아름다운 세계는
판도라와 그곳에 사는 생명체의 극히 일부분에 불과하다.

영화를 개봉한 이후에도 제임스 카메론과 우리 팀은 〈아바타〉 세계관을
계속해서 확장시켰다. 태양의 서커스와 손을 잡고 순회공연한 〈토루크, 첫
번째 비행〉, 디즈니 이매지니어와 함께한 디즈니 애니멀 킹덤의 획기적인
테마 〈판도라, 더 월드 오브 아바타〉, 유비소프트와 협업해 출시한 최신
그래픽을 자랑하는 PC/콘솔 게임 〈아바타: 프론티어 오브 판도라〉, 그 외
출판이나 로케이션 기반 엔터테인먼트 등 여러 분야에서 협업을 진행했다.

아바타 유니버스가 확장될 때마다 우리는 이미 풍성한 테피스트리처럼
완성된 영화에 덧입힐 새로운 나비 부족, 새로운 이야기와 전설, 새로운
생명체와 나무를 하나씩 더해 나갔다. 지금 보는 책은 바로 그 노력의
결과물이다.

《아바타의 세계: 시각적 탐사》는 아바타 유니버스를 기념하는 책이다.
이 책은 유니버스 내 다양한 요소들을 한자리로 모았으며 후일 개봉하는
아바타 속편에 나올 내용들을 맛보기로 보여준다. 바라건대 이 책이
당신의 아바타 세계관에 풍성함과 깊이를 더해줄 뿐만 아니라, 머지않아
공개될 아름다움과 장엄함을 조금이나마 들여다보며 설레는 시간이
되었으면 한다.

나비어 *"이라요"*로 감사 인사를 대신한다. 다시 돌아온 판도라에서
즐거운 시간을 보내시길.

제작자
존 랜도

# 1장
# 판도라 세계

# 판도라

## 지구로부터 4.5광년 너머 위치한
## 낙원처럼 아름다운 행성 판도라

경외감이 느껴지는 마법처럼 아름다운 판도라. 신비로운 나비족 원주민과 동식물은
지구에서 온 이들의 상상력을 자극하기에 부족함이 없다. 4.5광년 떨어진 곳에서
발견된 이 태고의 낙원은 인류로 하여금 우리가 우주에서 어떤 존재인지, 그리고
우리가 사는 연약한 지구와 어떤 관계인지 근본적으로 다시 생각하게 만드는 계기가
된다.

　판도라가 품고 있는 자연의 아름다움은 지구에 존재하는 그 무엇과도 비교할 수
없다. 밤이 되면 거의 모든 생명체가 가진 형광물질이 눈부시게 빛을 발해 매혹적으로
깜빡이는 무지갯빛 광경을 연출한다. 영적으로 신기한 조화가 판도라의 모든
생명체를 감싸고 있다. 이를 받아들이는 인간은 일평생 경험할 수 없었던 평화로운
감정과 일체감을 느낄 수 있다.

　하지만 판도라도 완벽하지는 않다. 판도라는 화산 분출이 활발하고, 인접한 거대
가스 행성 폴리페무스의 자기장으로 인해 자기폭풍이 심하다. 또한 위험하고 생명을
앗아갈 수 있는 동식물도 가득하다.

### 전인미답의 지역
판도라는 거대한 바다와 대륙으로 덮여 있으며
대부분 인간의 발길이 닿지 않았다.

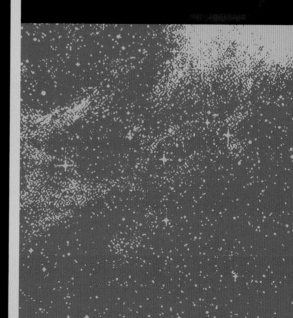

### 폴리페무스
거대 가스 행성 폴리페무스가 판도라의 하늘 위에서
비현실적인 느낌을 자아낸다. 폴리페무스는 해왕성과
크기가 비슷하며 판도라는 폴리페무스 주위를 도는
14개의 달 중 5번째로 가깝다.

## 낙원에 감춰진 것

판도라는 크기나 외형이 지구와 유사해 울창한 숲, 웅장한 산맥, 계곡, 평원, 호수, 강, 섬, 바다를 둘러싼 대륙을 가지고 있다.

하지만 판도라는 엄연히 다른 별이다. 대기 중 질소, 산소 농도가 지구보다 훨씬 높고 이산화탄소 비중이 너무 높아 인간이 호흡하면 이내 의식을 잃고 죽음에 이른다. 또한 유독 가스인 황화수소가 수백 개의 화산에서 쉴 새 없이 분출되고 있다.

## 정보 파일

**나비어 이름 :** 에이와의 자녀를 뜻하는 *'에이와에벵'*

**환경 :** 지구와 유사하지만 인간이 호흡하려면 마스크 필요

**자원 :** 지구 경제에 핵심적인 초전도체 언옵타늄이 유일하게 알려진 자원

# 판도라의 지형

**이색적이고 아름다운 판도라 특유의 지형은
그 자체로 완벽한 세계를 이룬다.**

판도라는 거대 가스 모행성 폴리페무스의 강한 중력이 만들어낸 자기장으로 인해
온갖 기이한 현상들이 나타난다. 돌덩이 속에 묻힌 언옵타늄 광석의 영향으로 육중한
할렐루야 산과 바위 아치는 판도라와 폴리페무스의 강력한 자기력이 교차하는
지점에서 말 그대로 허공에 떠 있다.

　이런 기이한 자기장 현상은 여러 장소에서 관찰된다. 판도라 곳곳에 플럭스가
집중된 플럭스콘이 존재하며, 이 중 하나인 플럭스 볼텍스는 할렐루야 산을 허공에
띄우는 힘의 원천이다. 자기력의 역방향으로 작용하는 플럭스 피닝, 일명 퀀텀 락킹은
할렐루야 산이 우주로 날아가지 않도록 붙잡는 힘이다.

# 언옵타늄

인간이 굳이 머나먼 행성에 작전기지를 건설한 가장 큰
이유는 언옵타늄이라는 귀중한 광물을 캐기 위해서다.
언옵타늄은 판도라 고유의 희토류이자 고온 초전도체로
지구 경제의 중추를 이루는 물질이다. 언옵타늄은
초광속통신이나 컴퓨터의 하이퍼칩 생산 같은 여러 특수
분야에 사용된다. 광물 가격은 킬로그램 당 200만 달러에
달한다.

### 극도로 귀한 금속

작지만 수요가 높고 초고가인 언옵타늄 조각이 자원 개발 관리 Resources Development
Administration, 일명 RDA의 자기장 받침대 위에 떠 있다.

### 자기장이 만든 역작

바위 고리 '말목'은 판도라에서 용융된 암석이 식는
과정에서 만들어진 것이다. 용융된 암석은 자기장의
영향을 받아 고리 모양을 형성한 후 그대로 굳었다.
이 바위는 수천 년 간의 바람과 날씨의 풍화 작용을
거쳐 웅장한 아치 모양으로 빚어졌다.

# 할렐루야 산

## 구름 위로 높이 부유하는
## 장엄하고 신비로운 '아이람 알루싱'

장엄하고 웅장한 할렐루야 산은 판도라에 존재하는 여러 공중에 뜬 산맥 중 하나에 불과하며 수십억 톤의 바위가 하늘에 구름처럼 떠 있다. 산은 울창한 숲으로 덮여 있으며 곳곳에 위치한 멋들어진 폭포는 가파른 측면을 따라 물줄기가 떨어진다. 밧줄처럼 얽힌 식물이 다리 역할을 하며 이 거대한 돌덩이들을 서로 연결하고 있다.

　강풍과 폭풍우가 몰아치면 이따금 공중에서 산과 산이 서로 충돌하기도 한다. 나비족은 자연의 경이가 빚어내는 이 충돌 현상을 천둥 치는 돌을 뜻하는 '아이람 알루싱' 이라고 부른다. 산이 중력을 거스르는 것이 아닐까 생각되지만, 판도라의 핵이 액체 상태인 철이며 폴리페무스 행성과 거리가 가깝다는 점에서 과학적으로 설명이 가능하다. 불가사의하게 떠 있는 산들은 판도라의 높은 대기 밀도와 폴리페무스의 자기장 인력, 초전도체인 언옵타늄이 어우러져 탄생한 결과물이다.

### 위험한 비행 여건
산을 띄우는 자기장은 레이더 전파를 방해한다. 파일럿은 육안으로 구름 속을 헤치며 충돌을 피해야 한다.

**자연의 연결고리**

거대한 산 옆으로 작은 바위들이 무더기로 떠
있다. 바위 사이사이에 자라는 덩굴 식물만이
이들을 연결할 뿐이다.

**하늘 위의 성소**

할렐루야 산은 위험한 통과 의례인 '이크니마야'를 수행하는
장소로서, 젊은 나비족 전사는 이곳에 서식하는 마운틴밴시 중 한
마리를 선택하고(동시에 밴시의 선택을 받아) 교감을 맺어야 한다.

# 공중에 뜬 산

부유하는 산과 바위 아치는 판도라에서 가장 눈길을 끄는
지형이다. 두 지형 모두 고가의 금속인 언옵타늄이
매장되었음을 암시하고 있지만 자기 편극 현상이 극심한
탓에 인간의 기술로는 접근하기 어렵다. 파일럿에게는 강력한
자기장이 얽힌 지역임을 한눈에 알 수 있는 경고문이기도
하다. 부유하는 산을 최초로 목격한 인간 탐사대는 (운 좋게
이 현상을 목격했던 인간 전원이 그랬지만) 그야말로
압도당했다. 수십억 개의 바위가 구름처럼 둥둥 떠 있는
광경은 도저히 말로 설명할 수가 없었다. 탐사대가 기지로
복귀할 때 담아온 홀로그램 이미지를 본 동료들은 공들여
조작한 장난이라고 여겼을 정도다.

**치명적인 아름다움**
낮 동안 판도라에 비스듬히 쏟아지는 햇살이
풍성하게 자라난 낯설고 이국적인 식물들을
비춘다.

**우뚝 솟은 홈트리**
숲속에서 자라는 거목들 중에서도
오마티카야 홈트리는 단연 가장
크고 오래된 나무다.

# 열대우림

**나비족 오마티카야는**
**판도라의 여러 울창한 열대우림 중**
**한 곳을 삶의 터전으로 삼는다.**

'*나링*'은 '하늘사람들'로 불리는 인간이 헬스게이트 콜로니를 건설한 지점과 가장 가까이 위치한 거대한 숲이다. 판도라의 다른 생명체와 마찬가지로 이 숲은 어둠 속에서 빛나는 생물발광으로 수놓아져 있다. 열대우림 나무 중 상당수는 키가 커서 하늘을 찌를 듯이 높게 솟아 있다. 마냥 풍성해 보이는 낙원 같은 숲이지만 거의 모든 지역이 순진한 외부인에게는 위험하다 못해 죽음을 부르는 동식물과 지형으로 가득하다. 판도라에 온 인간 탐사대는 이 숲에서 해파리를 닮은 파노피라, 다육식물 다포펫, 무지갯빛 워보넷 고사리를 비롯해 강력한 타이타노데어, 사나운 바이퍼울프 같은 생명체와 처음으로 마주친다. 눈에 보이는 나무마다 위험이 도사리고 있을지 모르지만, 인간들은 미미한 생명체일지라도 비할 데 없는 아름다움을 간직할 수 있음을 오마티카야 부족민들로부터 배우게 된다.

## 야생의 아름다움

울창한 밀림은 각층마다 생명이 약동하지 않는 곳이 없다. 웅장하게 뻗은 나무들은 지구에서 자라는 나무 크기의 열 배가 넘는다. 나비족이라면 누구나 숲속의 중간층까지 올라와 얽히고설킨 뿌리 위를 걷고 뛰며 육중한 다이어호스를 타고 다니기까지 한다. 지면에는 식물과 곤충은 물론이고 온갖 크기와 외형을 가진 동물들이 살고 있다. 숲의 상층부는 포레스트 밴시나 테트랍테론 등 수많은 비행 생물들의 보금자리다.

### 열대우림의 밤
파노피라의 은은한 빛이 숲속을 밝히고 있다. 파노피라나 헬리코라디안 같은 판도라의 동물성 식물은 원시적인 신경계를 가지고 있다. 파노피라는 먹잇감을 향해 자라며 중력의 영향을 받지 않는다.

2장
# 식물군

# 나무

## 판도라의 열대우림은 놀랍고도 어마어마하게 다양한 종을 품고 있다.

그레이스 오거스틴을 비롯한 우주 생물학자들은 판도라의 열대우림에 있는 나무들을 여러 해 동안 연구해왔으며 무려 10만 종에 이를 것으로 보고 있다. 지금 같은 연구 수준이라면 일일이 감별하고 분류하는 시간이 수천 년은 더 걸릴 것이다.

한편 나비족은 숲에 사는 식물 하나하나에 대한 상세한 지식을 갖추고 있다. 그들은 안전한 식물, 독성이 있는 식물, 벌레 퇴치에 좋은 식물, 물이 저장된 식물, 과일이 맛있는 식물을 정확히 구분한다.

### 파노피라
나비족은 파노피라의 컵 모양 본체에 고인 액체를 영양이 풍부한 회복용 음료수로 즐긴다. 줄기가 유연해 그물, 덫, 기타 직물 제작에 사용된다.

### 셀리아프루트 나무
이 나무의 암술에는 최대 100개의 열매가 달려있으며 대개 끝자락에 달린 가장 큰 열매가 가장 맛있다. 나비족 아이들이 이 과일을 서로 따서 먹으려고 종종 다툰다.

### 에피소스 나무
이 나무는 꽃이 많고 가시 달린 큰 열매가 많이 맺힌다. 과일이 터지면서 흩뿌려지는 수백 개의 씨앗은 어딘가 닿는 족족 들러붙는다.

### 유니델타 나무
이 나무는 몸집이 비교적 작지만 생체발광하는 큰 잎과 지상에서도 자라는 뿌리를 가졌다. 독소를 지니고 있어 무척추동물을 죽이고 소화시킨다.

## 리자드 나무

이 나무 특유의 무지갯빛 청록색 나무껍질이 지구에 사는 도마뱀의 비늘과 유사하다는 이유로 우주 식물학자가 리자드 나무라고 이름 붙였다.

## 캐논볼 나무

나비족은 이 열매를 따러 나무 꼭대기까지 올라가 가장 높은 가지에서 열매를 바닥으로 던진다. 열매가 빠른 속도로 바닥에 떨어져 껍질에 금이 가면 나비족은 뾰족하게 만든 다른 나뭇가지를 틈새에 넣어 쪼갠 후 내용물을 얻는다.

## 스퀴드프루트 나무

이 키 큰 나무의 열매는 나비족의 주식이다. 뾰족한 파란색 돌출물이 감싸고 있는 씨앗 꼬투리가 촉수처럼 생긴 긴 줄기에 매달려있다.

## 레이저팜

이 키 큰 나무에는 가늘고 납작한 잎이 달린다. 나무껍질은 날카롭고 면도날 같은 가시로 덮여 있다. 나비어로는 날카로운 나무를 뜻하는 '피웃'이라 불린다.

23

## 육식 식물

판도라에 사는 일부 식물은 지구의 파리지옥 풀처럼 곤충으로부터 양분을 섭취하며 팬리자드처럼 큰 동물을 잡아먹기도 한다.

### 리프피처

진액에 이끌려 들어온 곤충은 나선형 잎에 갇혀 소화된다.

### 챌리스 플랜트

항아리 모양을 한 이 큰 식물은 작은 동물을 유인할 정도로 진액이 풍부하다.

### 닥테론

곤충을 가둘 수 있도록 정교하게 변형된 잎을 가진 덩굴 식물이다. 화려한 꽃에 툭 튀어나온 산호 같은 부위가 곤충을 유혹하는 냄새를 뿌린다.

### 아네모니드

대형 숲속 초본으로 머리카락 같은 잎이 달린 끈끈하고 납작한 상층부에서 곤충을 잡는다. 판도라에 존재하는 식물 중에서도 독특해서 토양으로부터 언옵타늄을 소량 흡수한다.

## 동물성 식물

판도라에 존재하는 독특한 식물들이다. 기본적인 신경계가 있다는 점에서 감각을 가진 식물로 볼 수 있다.

### 캣이어

이 동물성 식물은 숲속에서 동물이 지나가는 방향으로 몸을 트는 기묘한 능력을 가졌다.

### 헬리코라디안

이 식물은 만지면 땅속으로 재빨리 휘감겨 들어가는 방식으로 반응한다. 대개 군집해서 자라며 하나가 반응하면 나머지도 연이어 반응해 완전히 움츠러든다.

### 바이너리 선샤인

이 식물은 다른 생명체들이 발산하는 스트레스 호르몬을 감지하여 위험을 알아차린다.

### 그럽 플랜트

많은 동물들이 선호하는 먹이로 잎에 감각세포가 있어 동물의 냄새에 반응해 몸을 수축시켜 스스로를 보호한다.

### 트위스티드 릴리

잎에 있는 감각세포가 생명체를 감지하며 너무 접근하면 잎을 휘둘러 때리며 반응한다.

## 양치식물

지구의 양치식물과 많은 점이 유사하며 대량으로 자란다. 나비족이 일상에서 다양한 용도로 활용하는 식물이다.

### 시슬버드

나비족에게 이 식물의 큰 씨앗은 훌륭한 주식이다. 막대로 줄기를 세게 후려쳐 줄기가 땅에 떨어지면 성숙한 씨앗을 쉽게 채취할 수 있다. 이때 씨앗을 노리고 온 동물들과 대치하는 상황도 종종 발생한다.

### 카날리드

이 식물은 가죽 같은 줄기를 가져 자신을 먹으려는 동물로부터 몸을 지킬 수 있다. 나비족은 카날리드를 재료로 안장, 벨트, 보관함, 기타 장식품을 만든다.

### 워보넷고사리

이 식물의 생체발광은 독특한 선형 패턴으로 진액을 먹으려는 곤충을 유혹한다. 나비족은 이 식물의 잎으로 조명과 멋진 머리장식을 만든다.

# 식물

**판도라의 지면에는 대개 아름답지만
때로는 위험하고 다양한 식물들이 서식한다.**

판도라의 일부 식물은 지구의 식물과 유사하지만 다수는 이 세상의 식물이
아닌 듯 신기한 모양새를 자랑한다. 식물의 다양성을 볼 때 판도라의 환경은
지구와 마찬가지로 자연 선택이 크게 작용하고 있는 것으로 추정된다. 방사선,
물, 대기, 중력 등 지구에 사는 식물이 겪는 환경인자가 판도라에도 존재한다.
다만 판도라의 대기는 이산화탄소, 황화수소, 제논 농도가 지구보다 더 높다.
중력은 상대적으로 약하지만 달의 자기장이 엄청나게 강하다. 이런 요인들이
식물의 진화에 작용한 결과 판도라의 식물은 대부분이 지구보다 상당히 크다.
뿐만 아니라 줄기가 위로 자라거나 뿌리가 아래로 뻗는 등 지구에서
전형적으로 관찰되는 방향성이 판도라에서는 반드시 성립하지는 않는다.

### 베인팟
공기 중 메탄가스를
흡수하므로 독한 냄새가
난다. 공 모양 구조물이
최대로 부풀면 떠오르고
하늘 높이 올라가
폭발한다.

### 고블린시슬
곰팡이처럼 생긴 밑둥의
꽃은 지구의 바시트라신과
동일한 효과를 가지므로
천연 항생제 연고로
쓰인다.

### 밴시 오브 파라다이스
몸통이 튜브형이라 가운데로 바람이 불면
울부짖는 듯한 괴상한 소리가 난다. 생명체의
열을 감지하면 그쪽을 향해 몸을 트는 성질이
있다. 방어 시 독이 발린 가시를 발사한다.

### 스콜피언시슬
만개한 한 송이의 꽃은 산성
액체를 흘려 식물이 서 있는
토양을 깨끗하게 만드는
방식으로 씨앗의 발아를
촉진한다.

### 플라스카 리클리나타
플라스카 리클리나타는
판도라에서 가장 중요한 식물 중
하나다. 이 식물은 행성의 대기를
자정하는 중요한 역할을 한다.

### 실라펀트
튜브형 잎의 날카로운 끝자락이 자기장에 반응해
튀어나올 수 있지만 정확한 이유는 불명이다.
끝자락은 매우 날카로워 중상을 입을 수도 있다.

3장

# 동물군

# 정보 파일

**나비어 이름:** 팔룰루칸

**서식지:** 열대우림, 냉대 지역

**신체적 특징:** 10개의 감지용 깃이 달린 갑주로 덮인 머리, 거대한 턱과 긴 이빨(23cm), 두터운 꼬리와 등

**몸길이:** 5.5m

**높이:** 2.5m

# 타나토어

## 열대우림에서 가장 무시무시한 포식자로
## 발길이 닿는 곳마다 공포를 드리운다.

이 강력한 동물은 자기 영역의 지배자로 군림한다. 용감하기로 이름난 오마티카야 부족조차도 타나토어가 접근하면 두려움에 떨고, 타나토어를 주제로 춤이나 노래를 만들지 않는다. 그레이스 오거스틴 박사가 경험이 부족했던 제이크 설리 아바타에게 죽기 살기로 도망치라고 한 이유가 있다. 제이크의 총알은 타나토어의 두꺼운 가죽에 생채기 하나 못 내고 화만 돋울 뿐이었다.

타나토어는 감각이 고도로 발달되어 13km 밖에서도 사냥감을 탐지할 수 있다. 강력한 턱에는 살을 뜯기 좋도록 길고 날카로운 이빨이 달려 있고, 두툼한 꼬리를 휘둘러 치명상을 입힐 수 있다. 뿐만 아니라 판도라에서 손꼽히게 빠른 육상동물인 타나토어가 제대로 추격하면 상대는 승산이 거의 없다. 6개의 다리는 시속 64km까지 폭발적인 가속이 가능하며 엄청난 민첩성까지 겸비한다. 제이크 설리는 운 좋게 높은 절벽에서 강으로 추락하고서야 괴물의 턱을 벗어날 수 있었다.

**사냥꾼과 사냥감**
죽음을 부르는 타나토어는 사냥감을 감지하는 즉시 태세를 취한다.

## 먹이사슬의 정점

타나토어는 주로 혼자 사냥하고 자신의 영역 밖을 돌아다니지 않는다. 영역 범위는 482km² 정도로 추정된다. 특별히 배가 고플 때를 제외하면 밤에 사냥을 나서는 편이다. 가장 눈에 띄는 것은 볏처럼 붙어있는 10개의 깃으로, 머리 뒤쪽에 원형으로 배열된 갑주 하나당 2개씩 달려있다. 이 깃은 위협을 하거나 사냥감의 위치를 정확히 감지하기 위한 보조 감각 기관인 것으로 짐작된다.

# 정보 파일

**나비어 이름:** *난탕*

**서식지:** 열대우림, 초원

**신체적 특징:** *6개의 다리, 4개의 눈, 털이 없음, 목과 척추 주변을 덮은 갑주, 개와 가깝지만 유인원으로 진화 중인 형태, 엄지를 발바닥 쪽으로 구부릴 수 있음*

**몸길이:** 2.3m

**높이:** 1m

# 바이퍼울프

**날카로운 이빨을 가진 이 동물은 먹이를 찾아
열대우림 지면을 무리 지어 배회한다.**

6개의 다리, 호리호리하고 강력한 몸통을 가진 바이퍼울프는 사냥감을 찾아
먼 거리를 날렵하게 이동할 수 있다. 녹색 눈은 시력이 좋고 예리해 밤에도
낮처럼 환하게 볼 수 있다. 후각도 매우 뛰어나 8km 밖에서도 사냥감을
탐지할 수 있는 것으로 추정된다. 사냥감의 뒤를 쫓을 때는 바닥에 바짝
붙거나 영장류처럼 생긴 발로 나뭇가지에 매달린다. 이렇게 몸을 숨긴
바이퍼울프는 사냥감이 눈치 못 채게 접근한 다음 무서울 정도로 효율적인
공격을 한다. 바이퍼울프는 대개 10-12마리가 무리를 지어 생활하므로
마운틴밴시나 타나토어 같은 포식자를 제외하면 거의 공격을 받지 않는다.
이 무리는 여차하면 협동성 좋은 사냥 조직으로 돌변하여 여러 가지 소리로
짖거나 얼굴 및 발로 신호를 주고받는다.

**가족애**
어미 바이퍼울프는 지구의 늑대와 비견될 만큼 온 정성을 다해 헌신하며
새끼를 보살핀다.

## 무리 생활

바이퍼울프는 냄새 표시, 사냥, 경쟁 관계에 있는 다른 무리를
방어하고 자신들의 영역을 빈틈없이 순찰하며, 일부는 출산을 앞둔
암컷을 지키기도 한다. 바이퍼울프 새끼는 생후 2-3개월이 지나면 사냥법을
익혀야 하고, 순식간에 몸이 자라 6개월이면 성체 크기의 절반에 이른다.
이즈음 이빨도 모두 자라고 턱 근육도 거의 다 발달한다. 바이퍼울프의 턱은
최대 0.6kg/cm²에 육박하는 악력으로 뼈도 쉽사리 부술 정도다.

# 해머헤드 타이타노데어

## 판도라 열대우림의 거인

이 동물은 아프리카 코끼리의 2배에 가까운 몸집을 가졌지만 훨씬 날렵하다. 6족 보행하며 풀을 뜯는 거대한 초식동물인 타이타노데어는 소규모로 무리를 지어 이동하며 우두머리 격인 수컷이 무리를 이끈다. 눈이 4개나 있지만 타이타노데어의 시력은 약한 편이다. 그 대신 훌륭한 후각과 청각을 가져 위험을 즉시 감지한다. 타이타노데어는 분노하거나 위협을 느낄 때 보라색 볏을 세우고 머리를 낮춰 돌진하면서 경로에 있는 모든 것을 박살 낸다. 타이타노데어가 맹렬히 돌진할 때 판도라의 여타 동물들은 줄행랑을 치게 마련이다. 타이타노데어는 판도라의 고유종 중에서도 영역에 극도로 민감해서 라이벌 수컷들끼리 싸우는 장관을 어렵지 않게 볼 수 있다. 위계가 높은 수컷은 나무의 속살이 다 보일 정도로 부수며 자신의 체취를 퍼뜨려서 다른 동물(특히 같은 수컷)에게 물러나라고 경고한다.

**첫 대면**

판도라에 서식하는 신비한 동물 중 제이크 설리의 아바타가 처음 맞닥뜨린 것은 맹렬히 성난 타이타노데어였다.

## 강력한 머리

타이타노데어 머리에 유독 망치 모양으로 돌출된 부위는 뼈가 아니라 연골로 이뤄져 있다. 어린 타이타노데어의 해머헤드는 좁은 틈도 비집고 들어갈 수 있을 정도로 유연해 빽빽한 정글 속으로 몸을 피할 수 있다. 하지만 개체가 성장함에 따라 해머헤드는 뼈처럼 딱딱해진다. 수컷이 머리를 좌우로 마구 흔드는 행동은 머리끝으로 상대방의 눈을 다치게 하려는 의도가 있다. 싸움 시 방어력을 더하기 위해 탱크 같은 타이타노데어 몸통은 어깨와 등에 뼈와 비슷한 덮개로 덮여 있다.

# 정보 파일

**나비어 이름:** 앙칙

**서식지:** 열대우림, 탁 트인 초원

**신체적 특징:** 6개의 다리, 4개의 눈, 아래로 처진 거대한 머리와 두개골 좌우의 돌출부, 부리처럼 생긴 단단한 턱으로 입을 보호.

**몸길이:** 11m

**높이:** 6m

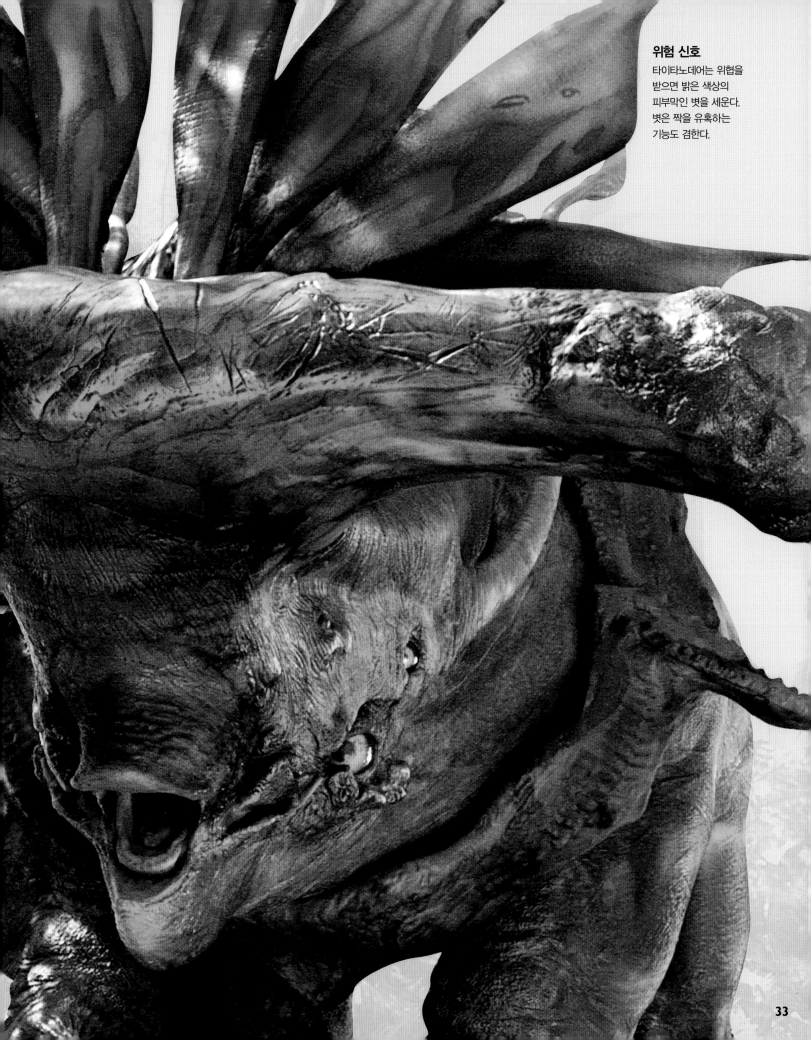

위험 신호
타이타노데어는 위협을
받으면 밝은 색상의
피부막인 볏을 세운다.
볏은 짝을 유혹하는
기능도 겸한다.

33

# 다이어호스

## 나비족의 우아한 6족 보행 말

다이어호스 '팔리'는 모든 나비 부족들에게 이동 수단이자 사냥용 말로
매우 중요한 존재다. 다이어호스는 6개의 다리로 바위투성이 지형이나
장애물이 많은 숲속을 빠르게 주파하는데 특화된 동물이다. 다이어호스는
급회전이 가능하고 반응성이 훌륭하며 먼 거리도 쉽게 뛰어넘을 수 있다.
다이어호스는 기수가 되려는 이가 동물과 신경 링크를 형성하는, 이른바
'차헤일루'를 통해 길들여지지만 쉽게 성공하는 것은 아니다. 일단 교감이
맺어지면 나비족 기수는 다이어호스가 마치 자기 몸의 일부분인
것처럼 즉각적으로 방향을 틀거나 명령을 내릴 수 있다. 덕분에
나비족은 사냥이나 전투 시 활과 화살에 더 집중할 수 있다.
기수와 다이어호스가 형성한 신경 링크는 평생 둘 사이에만
유효한 것이 아니다. 기수마다 선호하는 말이 따로 있고, 할
수 있다면 다른 부족원의 다이어호스를 타는 것도
허용된다.

### 좋아하는 먹이
다이어호스의 가늘고 긴 혀는 다이어호스 피처 플랜트로부터
달콤한 진액을 섭취하기에 최적화되었다.

**교감 형성**
나비족 기수는 자신의 '쿠루'를
다이어호스와 연결해 신경 링크를
형성한다.

# 정보 파일

**나비어 이름:** *팔리*

**서식지:** 열대우림과 초원에 살지만
대부분의 판도라 환경에 적응함

**신체적 특징:** 6개의 다리를 가진
말과 비슷한 동물, 4개의 눈,
털이 없는 거친 피부, 목이 길고
머리가 작음, 선명한 줄무늬,
어깨와 목 뒤, 머리는 유연한 탄소
섬유 갑주로 덮여 있음.

**몸길이:** 4.23m

**높이:** 4.2m

## 야생 팔리

야생 다이어호스는 최대 100마리 가량 산개된 무리를
형성하며 나무껍질과 관목을 먹는다. 무리는 머리
양쪽에 난 가늘고 긴 더듬이인 '쿠루' 끼리 맞닿은 직후
한꺼번에 이동하는 편이다. '쿠루'의 끝자락은 솜털
같이 생겼으며 가까이 다가오는 다른 다이어호스들의
'쿠루'를 찾아 끊임없이 움직인다.

　우주 동물학자들은 '쿠루'가 더듬이처럼 접촉해
즐거움과 애정을 표현하고, 먹이가 있는 장소나 위험
요소에 관한 정보를 교환하는 수단이라고 생각한다.

# 육상동물

**판도라의 야생동물은
온갖 놀라운 방식으로 진화했다.**

판도라는 걷고, 달리고, 날고, 밀림 지면에 붙어 다니는
다양한 생명체들의 보금자리다. 원숭이를 닮은
프롤레무리스나 아라크노이드 같은 일부 동물은
나비족에게도 성가신 존재다. 나무 위에서
프롤레무리스끼리 우는 소리는 사냥꾼이 다가오고 있음을
다른 동물에게 경고하고, 아라크노이드는 생명을 앗아갈
수도 있는 강력한 침을 꼬리에 지니고 있다. 그런가 하면
온순한 타피루스는 길들이기가 가능해 식량으로 유용하며
때로는 애완용으로도 키운다. 거대한 스텀비스트와 겁이
많은 헥사피드 또한 나비족의 주식으로 사냥꾼들의 주요
목표물이다. 이런 동물들은 바이어울프와 타나토어 같은
사나운 포식자의 먹잇감이 되는 등 열대우림 생태계에서
각자 중요한 역할을 담당한다.

### 헥사피드

이 아름답고 날렵한 초식동물은 고도로 발달한 감각을
비롯해 몇 가지 내재된 방어 수단이 있지만 포식자의
공격을 막을 수단은 거의 없다. 다만 헥사피드 머리 위로
부채처럼 펼쳐진 부위는 공격자의 주의를 흩트리고 키가
조금 더 커 보이는 효과가 있다. 성체 헥사피드는 서
있을 때 높이가 부채 끝에서 발굽까지 최대 2.3m에
달한다. 전통적으로 헥사피드는 나비족 예비 전사가
죽일 수 있는 첫 동물이며 아이에서 성인이 되었음을
나타내는 표식이다.

### 슬링어

슬링어의 사냥법은 독특한데 머리가 몸통에서 완전히
떨어져나와 사냥감을 향해 날아간다. 독성을 지닌 머리가
목표물에 박히면 고음의 소리를 내며 자신의 몸을 부른다.
그리고 몸과 머리는 파묻혀 있던 '쿠루'를 통해 다시 연결된다.
사실 슬링어의 몸과 머리로 분리된 부위는 공생관계에 있는
부모와 자식 개체다. 완전히 성장한 머리 부위는 몸에서
떨어져 나와 짝짓기를 한 다음 작은 슬링어로 변모해 자식
개체를 머리에 붙이고 다닌다. 원래 부모였던 몸체는 더 이상
먹이를 섭취할 수 없어 죽어버린다.

### 슬린스

슬린스는 낮 시간 대부분을 열대우림 하층부에서 잠을 자며 보낸다. 하지만 식사를 하려고 깨어난 슬린스는 판도라에서 손꼽힐 만큼 빠른 동물이다. 슬린스는 강력한 신경독을 사냥감에 주입해 산 채로 잡아먹는다. 나비족은 슬린스를 해치지 않는 방식으로 이 독을 채취해 의료용으로 사용한다.

### 보호판

슬린스의 얼굴은 일반적으로 4개의 단단한 판으로 덮여 있다. 평소에는 슬린스의 독니를 보호하는 역할을 하지만 판을 열어 확연하게 위협을 표현하기도 한다.

### 스텀비스트

이 육중한 6족 보행 동물은 체중이 900kg, 높이는 7m에 육박한다. 시력은 떨어지지만 다른 감각들이 매우 예민해 3km 밖에서도 포식자의 냄새를 감지할 수 있다. 스텀비스트는 무리를 지어 살며 경계 시 한꺼번에 몰려다닌다.

## 퀴라스게

이 거대한 게는 20개의 다관절다리로 열대우림 지면을
기어다닌다. 최대 지름 1.5m까지 자라는 엄청나게
단단한 껍질을 가져 포식자로부터 몸을 보호하며 뾰족한
가시들이 꼬리를 덮고 있다.

## 팬리자드

판도라는 지구보다 중력이 약하고 공기 밀도가 높아
도마뱀이 부채모양을 갑자기 펼치면 순식간에 공중에
떠서 위험으로부터 벗어난다. 최대로 펼친 팬리자드는
지름 1m를 넘는다.

### 팬리자드의 비행

나비족 아이들은 가만히 있는 팬리자드를 건드려 마젠타빛 보라색 디스크가 빛을
내면서 날아 도망치는 모습을 보며 논다.

## 울프틱

울프틱은 해머헤드 타이타노데어나
스텀비스트 같은 대형 동물의 피를
섭취하며 살아간다. 이 진드기는 강한
턱과 날카로운 가시로 자신의 머리와
가슴 부위까지 숙주의 몸에 통째로 박아
넣는다. 그대로 두면 최대 8일 동안 붙은
채 피를 빨아 먹는다.

## 오스트라피드

오스트라피드는 키가 4m에
육박하지만 대부분의 생명체에게
위협이 되지 않는다. 판도라의
다른 조류 계파과는 달리 장신인
오스트라피드의 날개는
에뮤처럼 퇴화된 기관으로 남아
있으며 겁을 먹으면 날개를
퍼덕거린다. 오스트라피드는
판도라의 강이나 강바닥에서
느긋하게 시간을 보내는
평화로운 생명체다.

## 아라크노이드

전갈을 닮은 아라크노이드는
판도라에 대거 서식한다. 이 중 한
종인 '칼리웨야'가 가진 독은
나비족의 드림헌트 의식에 쓰인다.

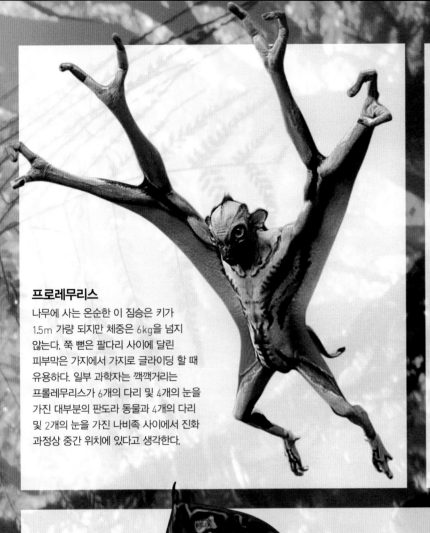

## 프로레무리스

나무에 사는 온순한 이 짐승은 키가 1.5m 가량 되지만 체중은 6kg을 넘지 않는다. 쭉 뻗은 팔다리 사이에 달린 피부막은 가지에서 가지로 글라이딩 할 때 유용하다. 일부 과학자는 깩깩거리는 프롤레무리스가 6개의 다리 및 4개의 눈을 가진 대부분의 판도라 동물과 4개의 다리 및 2개의 눈을 가진 나비족 사이에서 진화 과정상 중간 위치에 있다고 생각한다.

## 타피루스

나비족이 '프왐폽'이라고 부르는 이 동물은 돼지를 닮았으며 지능이 높고 성격이 차분해 훈련하기 쉽다. 등에는 몸을 보호하는 갑주가 있지만 몸집이 작은 탓에 판도라에 서식하는 대형 포식자들의 손쉬운 먹잇감이다.

## 그레이트 오스트라피드

그레이트 오스트라피드는 날지 못하지만 날개를 이용해 위협을 하거나 자신의 영역임을 경고한다. 긴 발톱은 사냥을 하거나 다른 개체와 싸울 때 사용한다. 그레이트 오스트라피드가 서식하는 대초원과 활동 영역이 겹치는 나비 부족들은 이 새를 탈것으로 활용한다. 신장은 5m 가량으로 친척뻘인 오스트라피드보다 조금 더 크다.

## 물웅덩이 주변에서

한 무리의 스텀비스트가 다음 장소로 먹이를 섭취하러 가기 전
목을 축이고 시원한 진흙에서 뒹굴기 위해 넓은 습지 지역을
가로지르는 중이다. 이 거대한 동물은 큰 무리를 형성하고 어린
개체를 철저히 보호한다. 나비족은 이 동물의 고기와 여러 가지
부산물을 얻기 위해 지속 가능한 방식으로 사냥한다.

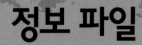

# 정보 파일

**나비어 이름:** 토루크

**서식지:** 산악지역

**신체적 특징:** 가죽 같은 질감의 거대한 날개, 차원이 다른 강력함, 탄소 섬유 골격, 거대한 발톱, 날렵한 비행을 보조하는 양 갈래 꼬리, 날카롭게 돌출된 볏, 4개의 눈

**색상:** 몸체와 머리, 날개는 진홍빛 노란색에 검은 줄무늬, 볏은 짙은 파란색

**날개폭:** 최대 31m

### 무시무시한 외모
'토루크'는 턱 구조상 입을 엄청나게 넓게 벌릴 수 있어 날카로운 톱니 같은 이빨이 그대로 드러난다.

# 그레이트 레오놉테릭스
## 판도라 하늘의 정점에 선 포식자

'토루크'는 나비어로 '마지막 그림자'라는 뜻이다. 이 장대한 육식 동물이 하늘을 날며 당신의 머리 위에 그림자를 드리우면 그것이 인생의 마지막 장면이라는 의미가 담겨있다. '토루크'가 좋아하는 먹잇감은 마운틴밴시다. 하지만 홀로 사냥하면서 인간의 비행기도 공격하는 것으로 알려져 있는데, 아마도 이 괴상한 비행 물체가 자신의 제공권을 위협한다고 여기는 듯하다.

나비족은 '토루크'를 에이와가 만들어낸 가장 위대한 창조물로 여긴다. 오마티카야 부족은 홈트리에 '토루크'의 두개골을 중심으로 토템을 세워 이 동물을 기린다. 의식용 춤과 노래는 '토루크'에게 신화적인 힘과 의미를 부여하며, 이러한 행위는 '토루크'를 향한 나비족의 두려움과 경외심을 잘 보여준다. '토루크'의 날개를 타고도 살아남은 극소수의 운 좋은 이들만이 이 짐승의 우아함과 판도라 하늘을 호령하는 경이로움을 체험할 수 있다.

## 장엄한 구원자

고대의 나비족 이야기에 거대한 '토루크'의 도움으로 영혼의 나무를 자연재해로부터 구했던 일화가 있다. 과거 단 한 번도 성공한 적이 없었지만 '토루크'에 타는 것만이 재앙을 피하는 길이라고 믿었던 한 무리의 젊은 나비족들은 '토루크'가 사는 산속 보금자리를 찾아갔다.

## 전설의 동물

'토루크'와 교감에 성공한 나비족은 드물었는데다가 격동의 시기에만 이루어졌다. 오직 순수한 영혼의 소유자만이 '토루크'를 탈 수 있으며 '마지막 그림자의 기수'를 뜻하는 '토루크막토'라는 칭호를 얻는다. 용감하나 무모했던 몇몇은 교감을 시도하다가 사멸됐다. '토루크막토'는 나비족이 극복할 수 없는 역경에 처할 때 등장한다고 전해진다. 네이티리가 제이크에게 자신의 고조할아버지가 '큰 슬픔의 시대'에 부족을 결집시킨 마지막 '토루크막토'였다고 알려준다.

### 공격하는 리더

밴시를 탄 나비족 전사들이 새로운 '토루크막토' 제이크를 따라 RDA 인간 침입자들에 맞설 전장으로 향하고 있다.

# 마운틴밴시

**우아하고 위험하며 충직한 밴시는
나비족의 삶에 필수적인 존재다.**

'이크란' 은 날카로운 울음소리 때문에 RDA가 밴시라고 이름을 붙였으며 강한 포식자다. 무시무시한 외모의 소유자지만 길들일 수 있어 전사들은 밴시 등에 타고 스릴 넘치는 공중 사냥을 할 수 있다. 오마티카야 부족은 할렐루야 산 고지대에 위치한 마운틴밴시의 서식지와 특별한 인연이 있다. 이 서식지는 밴시 중에서도 등에 타기 좋은 큰 개체들이 모인 곳으로 부유하는 산 중 손에 꼽히게 큰 몬스 베리타티스 위에 위치한다. 나비족은 이곳에서 밴시를 선택함과 동시에 밴시의 선택을 받는다.

  젊은 오마티카야 부족 전사는 '이크니마야' 라는 통과 의례에서 이 서식지로 올라가 야생 밴시와 일생의 교감을 맺는 위험천만하면서도 짜릿한 경험을 한다. 교감을 맺은 밴시는 이후 홈트리 가지에 둥지를 틀고 자신을 선택한 기수와 가까이 지낸다.

## 정보 파일

**나비어 이름:** *이크란*

**서식지:** 할렐루야 산을 비롯한 산악지역

**신체적 특징:** 가죽 같은 질감의 2쌍의 날개, 속이 빈 탄소 섬유 골격, 부풀어지는 큰 턱, 매우 날카로운 이빨

**색상:** 파란색, 갈색, 녹색의 다양한 패턴

**날개폭:** 최대 12m

**사나운 친구**
밴시와의 교감은 양방향이다. 밴시도 기수가 될 상대방을 선택한다.

44

## 일생의 교감

밴시와의 교감은 모든 오마티카야 부족 전사들에게 위험한 통과
의례다. 전사들은 머리처럼 땋은 자신의 '쿠루'를 밴시의 머리 뒤에
있는 신경 링크에 연결시켜 서로 이어진다. 이 과정을 '차헤일루'
라고 한다.

　　다이어호스와는 달리 밴시는 평생 단 한 명의 나비족과 교감을
맺는다. 밴시와 기수는 몇 달 동안 함께 훈련하고 소통하는 시간을
거친다. 그렇게 둘은 한 몸처럼 판도라의 하늘을 날아오르고,
열대우림의 나무 사이를 누비며, 부족을 대표해 사냥을 나선다.

### 비행 준비
아직 교감을 맺지 않은 나비족은 밴시와의
비행을 위해 접근하는 노련한 기수를 뒤에서
조심스럽게 지켜보고 있다.

### 위험한 여정
오마티카야 부족 전사들은 자신과
교감할 '이크란'을 찾길 바라며
할렐루야 산에서 하이웨이라
불리는 거대한 뿌리를 타고 밴시의
서식지를 향해 이동한다.

## 전사의 첫 사냥

나비족 예비 전사는 통과 의례인 '이크니마야'를 성공적으로
수행한 후, 본인의 마운틴밴시를 갖게 되고 오마티카야 부족의
어엿한 사냥꾼으로 인정받는다. 사냥꾼이 되면 다른 부족의
사냥꾼들과 함께 짜릿한 스텀비스트 사냥에 함께 할 자격을 얻는다.

# 비행생물

**판도라의 하늘은 놀랍고 아름다우며
때로는 위험천만한 야생 동물로 가득하다.**

RDA 소속 우주 동물학자들은 판도라의 하늘을 힘차게 가로지르고
열대우림을 활발히 날아다니는 비행생물을 관찰한 결과 동물의 날개가
놀랍게도 한 쌍이 아니라 여러 쌍이라는 점을 알게 된다.

또한 과학자들은 마운틴밴시(*이크란*)이나 그레이트 레오놉테릭스(*토루크*)
같은 강력한 포식자가 나비족에게 숭배의 대상이며 그들의 생활, 이야기,
역사에서 중요한 부분을 차지하고 있음을 발견했다. 나비와 비슷하고
섬세한 곤충인 시미플라이는 나비족에게 다른 의미로 중요한데,
시미플라이의 무지개빛 날개를 녹여 장신구나 보석 제작에 활용한다.

그런가 하면 무시무시한 생김새를 가진 스팅벳과 헬파이어 와스프를
보면 몸을 피하는 것이 상책이다. 성난 헬파이어 와스프 떼를 만난다면
침에 쏘여 죽음에 이를 수도 있다

### **'*이크란*'의 날개를 타고**
마운틴밴시는 나비족의 충실한 동반자로 자신의
사냥꾼과 영구적인 교감을 형성한다.

### 테트랍테론
2쌍의 날개가 달린 홍학을 닮은 이 생명체는 주로 호수 습지대에서 무리를
지어 생활하며 물고기 사냥 시 양 갈래 꼬리로 몸의 균형을 잡는다. 새끼를
직접 돌보는 판도라의 여러 포식자 중에서도 테트랍테론의 모성애는 단연
으뜸이다.

## 크기 비교

순하고 아름다운, 때로는 무시무시하고 괴물 같은 판도라의 비행생물은 크기와 모양, 날개폭까지 다양하다.

시미플라이
날개폭: 최대 0.4m

테트랍트론
날개폭: 최대 1.5m

스팅뱃
날개폭: 최대 3.3m

마운틴밴시
날개폭: 최대 12m

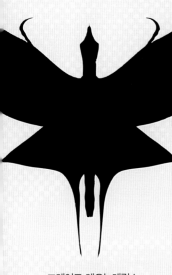

그레이트 레오놉테릭스
날개폭: 최대 31m

## 스팅뱃

이 야행성 포식자는 작은 동물과 과일을 먹이로 삼지만 무리를 지으면 헥사피드 같은 큰 동물도 공격한다. 스팅뱃은 뇌가 작으며 마운틴밴시의 흔한 먹잇감이다. 스팅뱃은 눈이 4개고 몸 표면과 날개 끝자락에 발광물질이 있다. 꼬리에 길게 난 가시가 치명적일 수 있지만 나비족은 이따금 스팅뱃을 길들인다. 훈련된 스팅뱃은 나비족이 부르면 날아와 어깨에 앉거나 과일을 받아 먹는다.

## 시미플라이

이 아름다운 곤충은 오마티카야 부족이 사는 열대우림에 인접한 지역인 모아라 계곡의 꽃밭에 서식한다. 4쌍의 날개와 큰 몸집을 제외하면 신체적 특징이나 생활사, 생태가 지구의 나비와 흡사하다. 시미플라이 애벌레는 나뭇잎을 먹고 자라며 성충은 꽃의 진액을 먹이로 삼는다.

## 헬파이어 와스프

날개폭 28cm에 몸통과 날개가 생체발광하는 덕분에 헬파이어 와스프는 낮이든 밤이든 쉽게 알아볼 수 있다. 유감스럽지만 헬파이어 와스프로부터 도망치기란 그리 쉽지 않다. 일반적으로 자신을 건드리거나 위협을 받으면 공격하며 침에 쏘이면 고통이 극심하다. 휴식 중인 헬파이어 와스프들은 한데 뭉쳐 꽃처럼 보이는 경우가 많아 포식자의 눈을 효과적으로 속인다.

# 수생동물

## 판도라에서 가장 신기하고 아름다운 생명체는 물이 있는 곳에서 찾아볼 수 있다.

판도라의 수생동물 생태계는 엄청나게 풍성하다. 지구의 거북이와 유사한 터타피드처럼 유순한 동물도 있지만 고래를 닮은 날루차와 게걸스러운 디닉토이드는 치명적인 포식자다.

우주 해양 생물학자들은 판도라에서 아직 발견해야 할 것들이 너무나도 많고, 여러 강, 호수, 바다 깊숙이 서식하는 엄청나게 다양한 생명체들을 이해하려면 갈 길이 멀다고 느끼고 있다.

### 날루차

6개의 아가미. 40m에 육박하는 몸길이를 자랑하는 범고래를 닮은 이 괴수는 사냥감을 쫓아 물 위로 점프하는 모습이 육지와 멀지 않은 바다에서 목격된다. 사촌뻘인 아쿨라는 더욱 거대하다.

### 사지타리아

앵무조개를 닮은 크기 1.2m 남짓한 이 생명체는 연체동물과 문어, 오징어가 합쳐진 형상이다. 나비족은 사지타리아 껍질로 방패나 화살촉, 칼, 목걸이를 만든다.

## 아네모노이드

판도라 열대우림의 강과 냇물은 지름 1m에 이르는
아네모노이드가 반짝거리는 빛으로 가득하다.
이들은 비교적 잔잔한 물 바닥에서 빛을 발하면서
살랑거리다 근처를 지나가는 물고기 등 야생동물을
잡아먹는다.

## 터타피드

터타피드는 담수인 강과 호수에서 느릿느릿
수영하는 모습을 볼 수 있지만 바닷물에도 적응한
동물이다. 터타피드의 몸체는 갑주로 덮여 있으며
지느러미는 여러 쌍이다. 등지느러미는 나이가
들면서 점점 커지는데, 이를 감싸던 원래 갑주가
떨어져 나가고 성장한 크기에 맞춰 새롭게
자라난다. 다 자란 터타피드는 코에서 꼬리까지
길이가 5-6m, 높이는 4m에 이른다.

수컷 성체(생체발광)

어린 수컷

## 디닉토이드

디닉토이드는 판도라의 호수나 저지대 하천에 숨어
있다가 사냥감을 덮친다. 이 사나운 포식자는 부리
모양을 한 큰 이빨 2개로 사냥감을 옭아맨다.
디닉토이드는 식물이나 물고기 등 다양한 먹이를
먹으며 크기를 가리지 않는다. 무리 지은
디닉토이드는 작은 스텀비스트도 쓰러트릴
정도이므로 멋모르고 이들이 운집한 물 깊숙이
들어가면 희생양이 되기 십상이다. 성체
디닉토이드는 길이 3m까지 자라며 측면
근육이 발달해 탄력 있게 몸을 구부리며
헤엄친다.

## 리프틱

이 대형(0.6m) 곤충은
두족류인 샤지타리아가
먹다 남은 음식을 섭취하며
공생한다.

51

# 정보 파일

**나비어 이름:** 사람들을
뜻하는 '나비'

**신체적 특징:** 나비족의
몸집은 지역과 유전자
이력마다 다르다.

**최대 신장:** 3.9 m

**최대 체중:** 290 kg

**나비족의 치아**
나비족의 송곳니는 길고 뾰족하다. 나비족은
화가 나면 쉬익 소리를 내며 이를 드러내
호랑이 같은 무서운 표정을 짓는다.

**고양이를 닮은 귀**
나비족은 고양이처럼 귀를
움직여 소리를 감지한다. 귀의
위치로 감정을 표현하며 화가
나면 귀를 눕힌다.

# 나비족의 신체적 특징

## 판도라 토착 원주민의 신체 구조는
## 인간과 유사하면서도 큰 차이가 있다.

나비족의 신체는 여러 면에서 인간을 닮았지만 더 탄탄하고 강하며
호리호리하다. 허리는 가늘고 길쭉한 편이다. 어깨가 넓어 등 위쪽이
역삼각형으로 보인다. 몸통은 인간보다 날씬하며 쭉 뻗은 목과 긴 팔다리가
특징이다. 나비족은 근육의 윤곽이 선명하게 드러나며 근력, 민첩성,
날렵함, 운동 능력은 인간의 컨디션이 최상일 때보다 어림잡아 4배는
높다.

　나비족은 강한 손가락과 발가락으로 가파른 나무나 바위를
움켜쥐며 쉽게 오를 수 있다. 스피드, 민첩성에 장거리 지구력까지
모두 갖춰 사냥 대상인 동물을 쉬지 않고 추적할 수 있다. 또한
경이로운 균형 감각과 거리 감각까지 겸비해 열대우림 나무
사이를 줄을 타거나 달리고 점프할 수 있다. 드물지만 혹
추락하더라도 나비족은 거의 다치지 않는다. 나비족의 뼈는
기본적으로 탄소 섬유로 강화된 구조로 인간보다 훨씬
튼튼하다.

**독특한 손**
나비족의 손은 엄지 포함
손가락이 4개다. RDA가
만든 아바타(106-7쪽 참조)
는 인간처럼 엄지 포함
5개의 손가락을 가져서
차이가 난다.

**강한 발**
나비족의 발은 발가락이 4개며
크고 강력한 엄지발가락으로
물건을 잡는다.

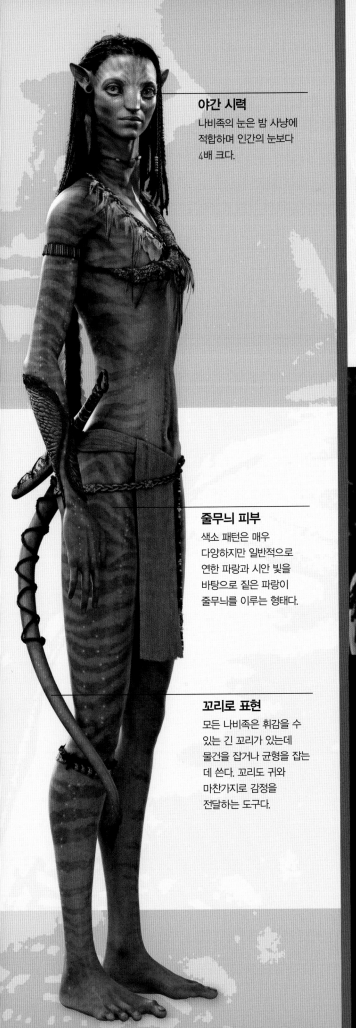

**야간 시력**
나비족의 눈은 밤 사냥에 적합하며 인간의 눈보다 4배 크다.

**줄무늬 피부**
색소 패턴은 매우 다양하지만 일반적으로 연한 파랑과 시안 빛을 바탕으로 짙은 파랑이 줄무늬를 이루는 형태다.

**꼬리로 표현**
모든 나비족은 휘감을 수 있는 긴 꼬리가 있는데 물건을 잡거나 균형을 잡는 데 쓴다. 꼬리도 귀와 마찬가지로 감정을 전달하는 도구다.

## 세상과 이어짐

인간의 관점에서는 나비족이 머리카락처럼 늘어뜨린 '쿠루' 가 그저 머리를 길게 땋은 것으로 보일 수 있다. 사실 이 땋은 머리는 나비족의 신경계가 연장된 신경 채찍을 감싸는 주머니 역할을 한다. 끝자락에는 신경 덩굴이 있어 동물과 식물이 가진 비슷한 연결부와 이어질 수 있다. 이렇게 연결된 상태에서 나비족은 다이어호스와 밴시, 드물게는 '토루크' 와 타나토어 같은 포식자에게 명령을 내릴 수 있다. 더욱 중요한 점은 나비족이 '쿠루' 를 통해 행성 전체를 덮고 있는 신경망, 즉 판도라에 있는 모든 생명체의 집단 지혜에 접속할 수 있다는 것이다. 모든 나비족은 태어날 때부터 공들여 땋은 머리로 신경 채찍을 덮어 손상을 방지한다. 나비족의 영혼과 육신의 안녕에 있어 '쿠루' 의 중요성은 말로 다 설명 할 수 없다. 나비족은 '쿠루' 를 통해 과거의 기억 및 선조들과 이어지며, '쿠루' 는 판도라에서 살아 숨 쉬는 모든 생명체와 함께 하는 에이와와도 이어지는 수단이다.

**평생 지속되는 교감**
네이티리가 '쿠루' 로 자신의 밴시 세제와 교감 중이다. 이런 신경 간 연결을 나비어로 '차헤일루' 라고 한다.

**발광체 무늬**
모든 나비족은 얼굴과 몸에 색소 패턴이 있어 어둠 속에서 형광으로 빛난다. 이러한 생물 발광 무늬는 기분과 감정에 따라 다양한 색상으로 나타날 수 있다.

# 나비족의 사회

**강력한 공통 신앙에 기반을 둔
나비족의 사회와 문화는 유구한 전통이 깃들어 있다.**

나비족은 지구 밖 생명체 중 유일하게 인간에 버금가는 지능을 가진 종으로 알려져 있다. 하지만 나비족 사회는 인간과 전혀 다른 형태로 발전했다.

나비족만의 생기 넘치고 복잡한 문화는 그들이 사는 세상과 자연계의 질서, 나비족 개개인, 그리고 신으로 섬기는 에이와와 영적으로 깊게 이어진 것에서 시작되었다. 나비족은 엄격한 규칙에 따라 행동하며 에이와가 보시기에 순결함을 유지한다. 모든 나비족은 에이와의 세 가지 계율을 따른다.

돌 위에 돌을 얹지 말지어다.
회전하는 바퀴를 사용하지 말지어다.
대지의 금속을 사용하지 말지어다.

에이와가 언제 그리고 왜 이 계율을 명했는지는 시간이 오래 지나 잊혀졌지만, 전설처럼 내려오는 '최초의 노래의 시대'보다 더 오래된 것으로 추정된다. 이 계율로 인해 나비족은 사냥과 채집을 하는 사회로 변모했으며 지구와 같은 거대 도시와 대규모 기술이 발달하지 않았다.

판도라를 구성하는 열대우림, 사막, 얼음으로 덮인 툰드라, 열대 산호초에 이르는 다양한 환경 곳곳에 여러 부족들이 자리 잡고 있다. 각 부족의 문화는 주변 환경의 영향을 받아 고유의 역사, 예술, 음악, 복장을 자랑한다. 이렇듯 다양성이 꽃 피는 와중에도 '나비족의 길'은 그들이 공유하는 경험의 중심에 굳건히 자리 잡고 있다.

판도라에 인간이 개입하면서 전혀 다른 두 개의 문명이 충돌하게 된다. 나비족이 '하늘사람들'이라고 지칭하는 인간들은 에이와의 신성한 계율을 모두 위반하는 존재였다.

**환경을 지키는 생활**
나비족은 오로지 사냥과 채집으로 부족을 영위하고 생활에 필요한 만큼만 자연에서 취한다. 절대로 낭비를 하거나 자연에 불필요한 해를 끼치지 않는다.

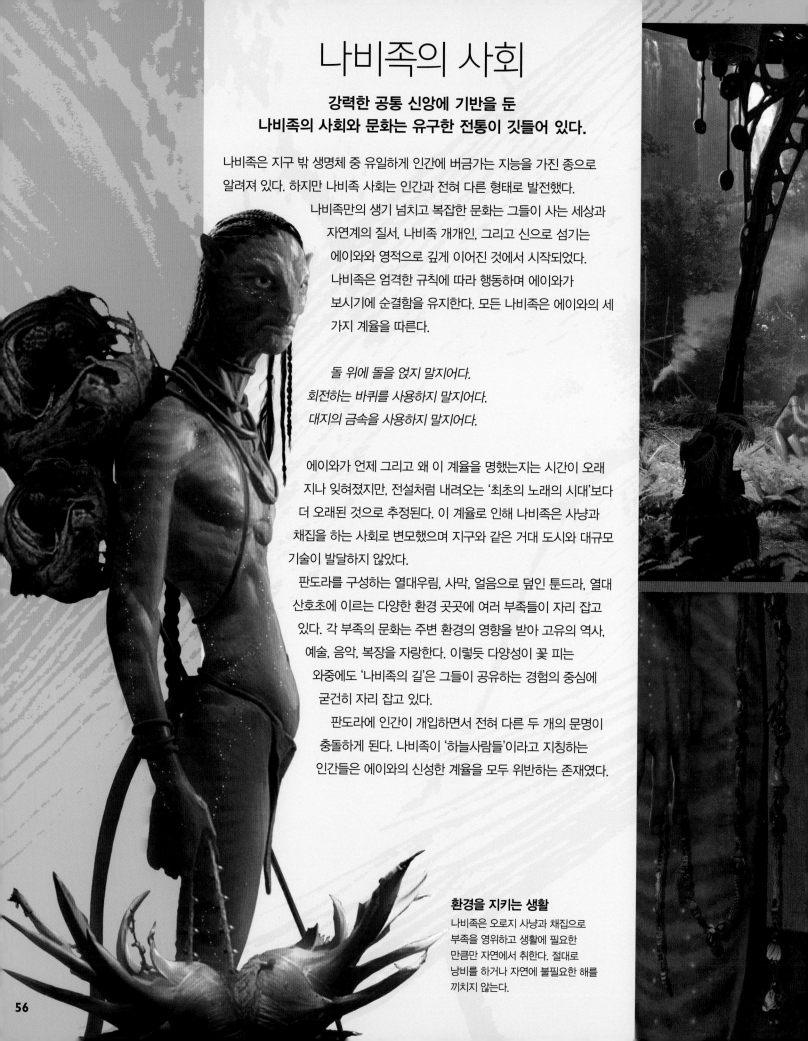

## 공동체 의식

나비족에게 채집, 사냥, 육아의 역할 분담은 성별과 무관하다. 모든 활동이 공동체 속에서 소중한 의미를 지니며 다음 세대로 전달된다.

# 노랫줄

노랫줄은 나비족 문화에서 중요한 부분을 차지한다. 모든 나비족은 일생에 걸쳐 자신만의 노랫줄을 만든다. 이들은 약혼, 결혼, 전투, 사냥, 친구나 가족 구성원의 상실 등 개개인의 중요한 생의 발자취를 남긴 경험을 할 때마다 물살에 매끈해져 윤기나는 돌, 조가비, 수정 등 자연에서 사물을 골라 그들의 인생노래에 매 순간을 표현한다. 노랫줄은 나비족이 자신의 인생을 노래할 때 촉각으로 기억을 일깨우는 도구 역할을 한다.

노래 자체는 단어 선택, 멜로디, 리듬 모두 전통적 규칙을 따르며 고대의 형태를 유지하고 있다. 하지만 본인이나 매우 가까운 관계였던 인물만이 노랫줄에 꿴 사물에 담긴 의미를 안다. 나이가 들면서 중요한 사건, 순간들이 누적되니 노랫줄도 점점 길어진다. 나비족이 죽음을 맞이하면 그를 가장 사랑했던 자가 애도하고 추억하며 노랫줄을 노래한다. 노랫줄은 나비족의 핵심 정체성이자 개인과 가족의 이야기, 부족의 역사를 담고 있다.

### 삶의 순환

앞으로 긴 생을 살아갈 아이들은 나비족 공동체에서 소중한 존재다. 언젠가 그들의 노랫줄을 장식할 결혼, 부모 되기, 전투는 부족의 생존 및 부족 간의 평화에도 영향을 줄 사건들이다.

# 생존을 위한 사냥

**식량 사냥은 에이와와의 이어짐만큼이나
나비족의 생활 양식에 매우 중요하다.**

나비족은 판도라에서 숨 쉬는 모든 식물과 야생 동물을 깊이 존중하지만 식량을 얻으려면 동물을 사냥해야 한다. 나비족은 사냥을 나갈 때 몸에 어떤 칠도 하지 않는데, 이것은 드림헌트라는 통과 의례나 전투 시에만 몸에 칠을 하기 때문이다. 전사는 부족 내에서 싸움을 전담하는 직책이 아니다. 전사의 최우선 역할은 사냥꾼이며 불가피하게 부족을 지켜야 할 때만 자신의 용기와 전투 능력을 증명해야 한다.

'시바코!' (도전에 맞서라!)는 나비족 전사들이 사냥을 개시하거나, 바위산에서 '이크란'을 타거나, 밀림 속 나무 위에서 뛰어내릴 때 외치는 말이다. 이 힘찬 함성은 전사들의 두려움을 완전히 없애주고 자신의 한계 또는 그 이상까지 스스로를 최대한 밀어 붙일 수 있게 한다.

### 사냥 차림새
나비족은 사냥을 나설 때 휴대품을 최소화한다. 네이티리는 사용한 화살은 회수하여 홈트리로 돌아온다.

### 강력한 워보우
에이투칸이 사용하는 워보우 '츠코아에이오'는 활모양의 나무로 만들어졌다. 파란색 깃은 밴시의 턱 깃으로 밴시 등에 올라 사냥할 때 일종의 방향타 역할을 한다.

**치명적인 한 방**
나비족은 활쏘기의 달인으로 표적을 거의 놓치지 않는다. 화살촉에는 독을 발라 빨리 죽음에 이르게 한다.

**칼과 활, 그 외 무기**
나비족은 활과 화살 외에도 창, 이빨과 수정을 다듬어 날을 세운 칼 같은 다양한 무기를 활용해 사냥한다.

# 나비족의 무기

나비족의 가장 일반적인 무기는 칼과 롱보우다. 젊은 나비족은 밴시를 타고 드림헌트 의식까지 완수해야 비로소 성인이 되고 홈트리의 나무로 활을 만들 자격을 얻는다. 이렇게 만든 활은 사냥에서 주 무기로 사용된다.

나비족의 칼은 여러 용도로 쓰인다. 안쪽 날은 매우 날카로워 사냥하는 모든 동물을 칼끝으로 쉽게 꿰뚫을 정도다. 바깥쪽 날은 뭉툭하고 둥근 형태로 소형 둔기처럼 활용된다.

# 의식과 의례

**탄생부터 죽음에 이르기까지 나비족의 삶은
에이와의 위대한 섭리 안에서 자신의 역할을 다한다.**

나비 부족은 300명 전후의 부족원으로 구성된다. 이 숫자는 늘 일정하게
유지된다. 부족마다 필요한 요소들은 그들이 사는 환경과 완벽한 균형을 이루기
때문이다. 한 사람이 죽으면 한 사람이 태어난다. 나비족이 섬기는 에이와는 모든
아이들을 채워 주고, 아이들은 부족을 채우고, 부족은 다시 에이와를 채운다.
나비족 개개인은 부족의 지속적인 생존에 필요한 특정 역할을 수행하는 열망과
능력을 품은 채 태어난다. 죽은 자의 영적인 에너지는 새롭게 태어나는 아이의
성향에 영향을 끼치므로 해당 부족은 끊임없이 본래의 모습 그대로 채워진다.
나비족에게 죽음이란 공동체와 환경 모두에 변화와 성장을 가져오는 매개체다.
에이와에 따르면 죽음을 통해 새로운 세상에 적응할 수 있는 새 생명이
탄생하므로 죽음이 있기에 발전이 있다. 인간 세계에서 진화라고 부르는 것을
나비족은 변화라고 한다. 모든 사물은 에이와의 뜻에 따라 다른 무언가로 바뀌는
과정에 있다. 이러한 믿음은 나비족이 사냥할 때 실용성을 추구하고 동물을
존중하는 태도에 잘 나타난다. 나비족의 장례 의식은 부족마다 다르다. 가령
오마티카야 부족 장례식은 숲속에서 삶을 보낸 이에게 자연의 안식처가 되어 줄
나무 뿌리 아래 망자를 매장한다. 부족원들은 노래하고 기도하며 망자와
에이와를 기린다. 영혼의 나무에서 가져온 씨앗으로 시신을 장식하는 행위는
그의 영혼이 에이와 곁으로 돌아가기를 소망하는 의미가 담겼다. 해안에 자리
잡은 타이랑기 부족은 파도가 내려다 보이는 절벽 위에 시신을 눕힌다. 육신은
작은 밴시의 먹이가 되고, 이 밴시는 성장하여 부족의 탈것이 된다. 이런
방식으로 에이와의 돌고 도는 삶의 섭리를 다시금 기리게 된다.

**나비족의 장례식**
오마티카야 부족의 일원이 죽으면 홈트리 지하 근처에 구덩이를 판다. 친구들과
가족은 이곳을 꽃으로 장식한다.

**죽은 자를 위한 기도**
나비족은 생명을 죽일 때 숨을 거둔 동물의 사체 위에서 그
동물이 에이와에 기여한 선한 영향을 기리며 기도한다.

*"너를 본다 형제여. 고맙다.
네 영혼은 에이와를 따라가고,
네 육신은 뒤에 남아,
사람들의 일부가 되리라."*

## 드림헌트

나비족은 부족 내에서 한 사람의 온전한 성인이 되기 위해 '우닐타론', 즉 드림헌트를 끝마쳐야 한다. 드림헌트는 개인의 인생과 공동체 모두에게 매우 영적인 의식이다. 대상자는 부족 리더들과 함께 성스러운 장소로 간다. 다른 부족원들도 함께 모여 이들을 응원한다.

리더들은 대상자에게 두 가지 정신독을 주입한다. '차히크'(영적 리더)는 홈트리에서 가져온 반딧불이를 주고, '올로에이크탄'(부족 리더)은 아라크노이드를 준비한다. 두 생명체의 독은 대상자의 체내에서 뒤섞여 엄청난 고통을 가져오며 대상자를 거의 죽음에 이르게 만든다. 육체가 고통받는 와중에 대상자는 꿈꾸는 듯한 몽롱한 상태가 된다. 대상자가 이 고통스러운 과정을 이겨내면 자신이 본 환상을 부족 리더들에게 자세히 이야기한다. 나비족은 이 환상에 에이와가 내린 예언적인 지혜가 담겨있다고 믿는다. 성인으로 새롭게 태어난 대상자가 본 환상은 먹고 마시고 춤추는 축제를 통해 공동체 내에서 재현된다.

**드림헌트 준비**
나비족은 전사가 되는 여정의 마지막 단계인 '우닐타론'에 들어가기에 앞서 의식용 무늬를 온몸에 칠한다.

# 나비족의 언어

## 수천 년 동안 변치 않고
## 나비족의 이야기를 담아 내려온 공용어

문자 형태로 남아있는 나비어는 아직 발견된 바 없다. 하지만 판도라 전역에 위치하는 수천 개의 공동체, 부족, 유목 집단을 아우르는 나비족 문화권에서는 하나의 공용어를 사용한다. 일부 지역에서 방언을 사용하기도 하지만 모든 언어는 의심할 여지없이 같은 뿌리에서 갈라져 나온 것이다. 지구에 있는 우주 인류학자와 우주 언어학자들은 판도라 거주민들이 널리 퍼져 생활하고 있음도 불구하고 나비어가 동질성을 유지하는 이유를 두고 여러 학설을 제시했다. 그 중에는 나비족만의 특별한 두뇌 구조와 기억력을 원인으로 꼽거나, 비행 동물을 일찌감치 가축화 시킨 덕분에 장거리 여행이 가능해져 부족 간 소통이 용이해졌다는 이론 등이 있다.

또 다른 가설은 의식에서 노래를 부르는 방식으로 자신들의 이야기를 후대에 전달하는 구전 문화가 나비어의 동질성을 유지했다는 것이다. 직물이나 조각, 동굴 벽화 또한 나비족의 역사를 기록하는 중요한 수단이다.

## 그들이 '보는' 세상

나비족이 인지하는 시공간과 만물의 하나됨은 '본다'는 개념으로 귀결되며 판도라에 온 인간이 이해하기 어려운 개념 중 하나다. '보다'는 지나간 일, 특히 부정적인 경험을 흘려보낼 것을 다짐하고, 새로운 자극을 마치 처음 경험하는 것처럼 받아들이는 자세다. '보는 법'을 터득하면 괴로움과 고통을 더 쉽게 극복하고, 본질을 향한 의문에 답을 찾으며, 자신의 숙명을 내다보고 이를 완수하게 된다.

나비족은 누군가를 만나면 한쪽 손을 이마에 댄 자세를 취했다가 상대방을 향해 아래로 내린다. 몸짓와 함께 "오엘 응가티 카메이에 (당신을 봅니다)"라고 말하기도 한다. 나비족에게 이 표현은 말 그대로 상대방을 보고 있다는 의미 외에도 영혼을 바라본다는 의미가 있다. 그들은 서로를 인지하고 내면을 들여다보며 이해한다.

나비족이 "나를 봐요"라고 말한다면 상대방이 혹시 선입견을 가졌다면 내려놔 달라고 요청하는 것이다.

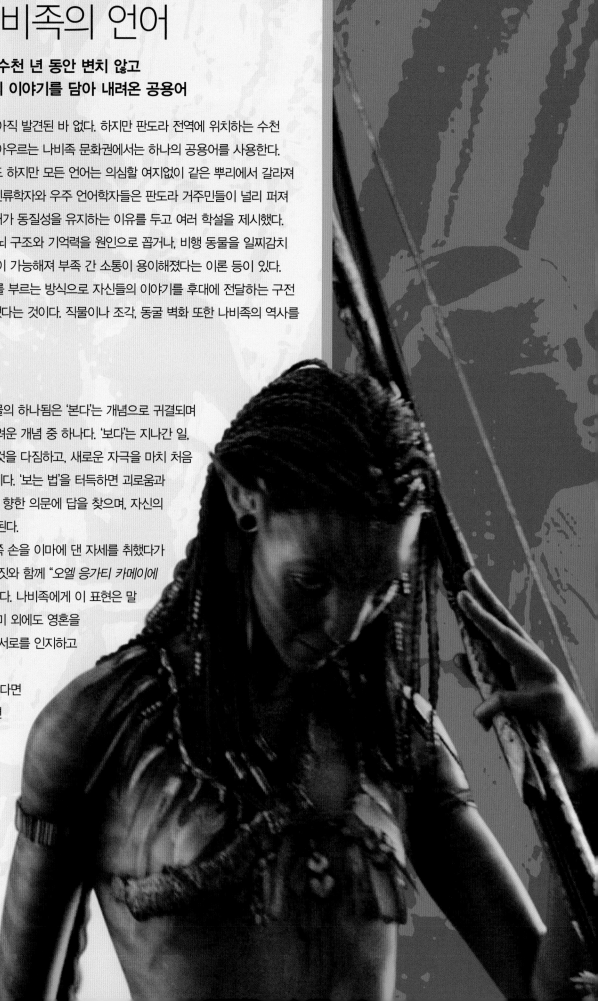

**비언어적 표현**
나비족은 몸짓과 손짓으로도 중요한
의사와 메시지를 상호 전달한다.

# 외부와의 소통

공용어를 쓰는 나비족은 그들이 사는 세계 어느 곳을 가더라도 다른 이들과 쉽게
소통하는 데 익숙했다. 인간이 판도라 행성에 갑자기 나타났을 때 나비족은 처음으로
새로운 언어를 배우는 어려움에 직면했다. 그레이스 오거스틴 박사(p. 104 참조)는
학교를 세워 나비족 아이들에게 영어를 가르쳤다. 하지만 나비족과 친밀한 관계를
쌓으려던 그녀의 꿈은 RDA가 돌연 학교를 폐쇄하고 일부 학생을 죽이면서
좌절되었다. 하지만 오거스틴 박사가 다른 여러 방법으로 소통을 시작한 덕분에
나비족과 인간 아바타 사이의 관계는 다시 조심스럽게 회복되었고, 그 결과 아바타
조종사는 나비어를 배우게 된다.

## 빠른 습득력

오거스틴 박사가 가르친 나비족 아이들은 빠른
속도로 영어를 배웠다.

## 간단한 학습

오마티카야의 차기 '차히크' 네이티리가
아바타에게 나비어로 눈을 뜻하는
'메나리' 를 가르치고 있다.

63

# 나비족의 역사

**나비족의 역사는 수천 년에 걸친 기나긴 이야기를 담고 있다.**

나비족은 선조들의 이야기를 다음 세대와 공유한다는 자부심이 있다. 나비족이 '최초의 노래'라 부르는 이 이야기들은 문자가 아닌 구전으로 풍성하게 전해 내려온다. 이야기에 등장하는 장면들은 동굴 벽화나 유물에 그려져 있다.

최초의 노래에 묘사된 사회는 엄청난 시간의 간극이 존재함에도 오늘날 나비족의 부족 사회와 본질적으로 아주 비슷하다. 우주 인류학자들의 연구에 따르면 나비족은 최소 1,200만년 동안 진화나 인구수의 변화가 거의 없었던 것으로 추정된다. 이는 판도라의 생태계가 균형을 유지하고 외부 압력이 없었다는 점과도 일치하는 부분이며 또한 나비족에게 별다른 변화가 요구되지 않았다는 것을 의미한다. 따라서 나비족이 자녀들에게 가르치는 최초의 노래는 오랜 세월이 지나도 그 의미가 변치 않는다.

### 전설이 된 날갯짓
최초의 '토루크' 기수에 대한 일화는 나비족 이야기의 핵심으로 벽화나 그 외 공예품에 자주 묘사된다.

## 나비족의 영웅들

나비족에게 전해 내려오는 역사 중 가장 유명한 이야기는 오마티카야 부족 엔투와 랄루, 그리고 타우카미 부족 티살의 모험이다. 세 청년은 예언에 나온 참사로부터 오마티카야 홈트리를 지킬 방법을 찾아 여행을 떠났다.

엔투는 나비족 최초로 죽음을 부르는 날개 '토루크'를 타 '토루크막토'라는 칭호를 얻고 부족원들을 구한다. 수 세대가 지난 지금도 '토루크막토' 이야기는 노래로 남아 후대의 나비족에게 영향을 끼치고 있다.

## 하늘사람들의 등장

수천 년 후 나비족이 '하늘사람들'이라고 부르는 인간의 등장으로 판도라의 조화가 무너진다. 평화를 사랑하는 나비족은 처음에는 방문자들과 공존하려는 마음에 인간들을 환영하고 인간 과학자들이 판도라 탐험에 사용한 아바타 '드림워커'와 관계를 형성하기까지 했다.

RDA 소속 인간들이 언옵타늄 광물을 채굴하고 지상의 나무들을 베어 내며 자연의 섬세한 균형을 무너뜨리자 나비족은 하늘사람들을 적대시하기 시작했다. RDA는 숲 전체를 뒤집어엎고, 판도라 땅을 깊숙이 파헤치고, 나비족의 성소에 공격을 퍼붓는 잔혹한 폭력을 자행했다. 전 미국 해병(그리고 아바타 조종사이자 '토루크막토'가 된) 제이크 설리가 RDA로부터 등을 돌리면서 무자비한 침입자를 그들 땅에서 몰아낼 수 있었다. 나비족은 놀라운 승리를 거두었지만 그것은 격렬한 충돌의 서막일 뿐이었다.

### 노래하는 주술사

오마티카야 부족의 노래하는 주술사는 판도라의 환경을 배우고 관찰하기 위해 모아라 계곡을 찾아오는 인간에게 에이와의 축복을 노래한다.

## 화해

인간과 나비족 사이의 큰 갈등이 끝나고 몇 세대가 지나, 알파 센타우리 엑스퍼디션(ACE)라는 업체 소속 인간들이 판도라를 찾아와 옛 RDA 기지를 고쳐서 사용한다. ACE는 나비족의 허락 아래 모아라 계곡으로 민간 방문객을 데려온다. 충돌의 흉터와 파괴된 자연이 아직 남아있는 가운데서도 인간과 나비족은 드디어 하나가 되어 앞으로 나아간다. 두 종족은 환경을 최대한 있는 그대로 보존하기로 뜻을 모은다. 또한 나비족은 관광객이 판도라의 독특한 생태계를 체험하고 지구로 돌아갔을 때 자연 세계와 이어짐을 중시하는 나비족의 지식을 전파하길 바란다.

5장

# 나비
# 부족들

**한 부족, 한 목소리, 한 부족원**
오마티카야 부족원 전체가 일원이 된 이를 축하하며
손을 모으고 있다.

# 오마티카야 부족

**오마티카야는 평화를 사랑하는 숲속 부족으로
인간이 나비족의 길을 들여다보는 창이다.**

오마티카야는 고대의 부족으로 판도라의 열대우림에서 수백
세대에 걸쳐 번성했다. 보금자리인 정글을 지키는 긍지 높고
용맹한 사냥꾼들이지만, 한편으로는 친근하고 매우 영적인
부족이다. 자연과 끈끈하게 이어진 이들의 삶은 홈트리에서
확인할 수 있다. 부족민은 주변 자연 세계와 하나가 되어
다이어호스와 마운틴밴시를 타고, 홈트리의 가지를 깎아 활을 만들고,
식물, 게 껍질, 수정으로 공예품을 만든다. 또한 직물 짜기에 능한
부족으로 아름다운 옷감과 그 무늬가 유명하다.

공동체는 오마티카야 부족의 핵심이다. 누군가의 생에 중요한 사건이 생길
때마다 음악과 음식, 춤을 곁들인 모임을 열어 함께 교감하고 축하해 준다.

오마티카야 부족은 인근 부족들과 돈독한 관계를 형성해 왔다. 일부
부족은 인간을 그들 사회로 받아들이겠다는 오마티카야 부족의 결정에
반대했다. 하지만 그레이스 오거스틴 박사와 제이크 설리를 중심으로 일부
인간들이 나비족 사회에 좋은 방향으로 기여할 수 있음을 보여줌으로써
불신이 다소 수그러들었다. RDA의 폭격으로 오마티카야 부족의 보금자리가
맹공격을 당하자 다른 부족들이 신속하게 지원하러 달려왔다.

**파란 플루트 부족**
모든 나비 부족이 음악을 매우 중요하게 여기지만
오마티카야 부족은 '파란 플루트 부족'이라 불릴 정도로
음악에 대한 애정이 각별하다.

## 공예품의 부족

오마티카야 부족이 쓰는 밧줄, 노끈, 직물은
숲속 지면에서 자라는 섬유질 식물을 재료로 삼아 한 가닥씩 꼼꼼하게 손으로 짜서
만든다. 제대로 일하면 두 번 손이 가지 않는다는 것이 오마티카야 부족의 신조다.
부족원은 이런 마음가짐으로 싱글보우나 도끼, 창을 만들기 때문에 시간이
걸리더라도 완벽을 추구한다. 나비 부족은 누구나 직물을 짤 수 있으며 주변에 있는
재료와 생활양식에 따라 부족마다 스타일은 다르다.

## 모앗

모앗은 부족의 여성 지도자인 '차히크'다. 그녀는 성스러운 의식을 진행하고 에이와의 뜻을 해석한다. 인내심과 지혜를 겸비한 모앗은 치유자이자 법 집행자, 이성의 대변자이다.

# 부족 인물

## 네이티리와 그녀의 가족 모두 오마티카야 공동체의 구심점이 되는 리더다.

오마티카야는 판도라에 온 인간과 처음으로 조우한 부족이자 하늘사람들 '타우투테'와 실제로 대화하고, 협상하고, 연대한 최초의 부족이기도 하다. 모앗과 에이투칸은 종족이 다르지만 서로 배울 점이 있으리라는 기대로 하늘사람들을 자신들의 보금자리와 부족 사회에 기꺼이 받아들였다. 부족의 수장인 '올로에이크탄'은 네이티리의 아버지 에이투칸이다. 차분하다 못해 냉철한 면이 있는 에이투칸은 부족원 전체를 상대로 연설할 때 '차히크'이자 파트너인 모앗의 의견을 잘 수용한다. 오마티카야 부족에서 이 두 가지 중요한 직책은 짝을 이룬 두 사람이 함께 맡는 전통이 있다. 에이투칸과 모앗의 장녀 실와닌은 부족의 차기 '차히크'이며, 약혼자 쯔테이는 그녀의 아버지 뒤를 이어 '올로에이크탄'이 될 예정이었다. 실와닌이 RDA에게 비극적으로 죽임을 당하자 그녀의 막중한 역할은 여동생 네이티리에게 넘어갔다.

### 에이투칸

에이투칸은 전사 부족장이자 부족원의 용맹한 수호자다. 또한 '올로에이크탄'으로서 젊은 전사와 사냥꾼의 훈련을 지도하며 부족을 부양하기 위해 사냥한다. 외부로부터 위기가 닥치면 오마티카야 부족을 보호하는 것이 그의 책무다.

### 네이티리

네이티리는 나비족의 여러 가지 특징을 잘 드러낸다. 아이처럼 호기심이 많지만 위협을 받으면 동물처럼 사납다. 그녀는 용맹한 전사이자 뛰어난 추적자이다. 학교 학살 사건으로 언니 실와닌을 잃은 네이티리는 인간을 향한 분노가 더욱 커졌다. 언니가 맡았던 부족 내 역할을 자신이 짊어지게 되면서 네이티리는 사랑하지도 않는 쯔테이와 결혼이 내정된다.

**길을 인도하는 쯔테이**
젊은 전사들이 훈련의 일환으로 노련한 쯔테이를 따라 숲속을 뛰어다니고 있다.

## 전사 부족

같은 세대에서 가장 강한 전사로 꼽히는 쯔테이는 '나비족의 길'을 몸소 보여준다. 약혼자 실와닌이 인간의 손에 죽었지만 쯔테이는 부족의 리더가 되기 위해 흔들리지 않는다. 학교에서 무자비한 학살이 발생한 이후 쯔테이는 인간이 단지 '보는 법'을 모르는 어리석은 자들일 뿐만 아니라 부족의 존립 자체를 위협하는 자들이라 확신한다. 쯔테이는 처음엔 제이크 설리와 숙명의 라이벌로 만났지만 이후 동료이자 전우가 된다. 전직 미국 해병이 정신과 행동 모든 면에서 진정한 나비족으로 거듭나는 것을 보여주자 쯔테이가 결국 그를 인정한 것이다.

## 실와닌

실와닌은 에이투칸과 모앗의 장녀로 RDA 군대에 목숨을 잃었다. 그녀는 부족의 차기 '차히크' 였다. 실와닌의 기억은 소리의 나무 일부로 남아 있어 사랑했던 사람이 이 나무와 연결되면 실와닌을 영적인 형태로 불러낼 수 있다.

## 시대를 초월한 이야기

오마티카야 부족은 판도라에서 오래도록 변치 않고 자리를 지킨 존재다. 네이티리는 가족으로부터 수천 년 전 인물 랄루와 최초의 '토루크막토' 였던 엔투의 이야기를 들었다. 나비족과 인간의 갈등이 막을 내리고 오랜 시간이 지난 뒤, 노래하는 주술사는 판도라를 찾는 새 여행자들에게 과거의 노래에 더해 새로운 노래를 들려준다.

**랄루**
랄루는 타고난 지도자다. 차분하고 마음이 따뜻하며 친구 엔투를 언제나 지켜본다.

**엔투**
고아였던 엔투는 랄루 가족의 손에서 자랐다. 그는 최초의 '토루크막토' 가 되어 자신의 보금자리를 지킨다.

**노래하는 주술사**
노래하는 주술사는 나비족 사회에서 노래하는 이야기꾼이며 부족 내 구전되는 이야기를 보전하는 중요한 역할을 한다.

71

# 홈트리

**오마티카야 홈트리는 오랜 세월 굳건하게 버티고 있는
고요한 파수꾼이다.**

2만 년이 넘은 고목 홈트리는 오마티카야 부족의 영혼과 육신의 보금자리다.
부족원은 성인이 되면 홈트리의 나무로 사냥용 활을 만들 자격을 얻는다.
홈트리의 높이는 300m가 넘고 지름은 지구에서 가장 큰 세쿼이아보다 몇 배는
크다. 홈트리 내부는 더더욱 장관이다. 나선형을 이룬 거대한 중심부가 여러
층으로 공간을 형성해 나비족이 먹고, 자고, 의식을 거행하는 일상적인 활동
장소로 이용된다. 홈트리는 부족원 수백 명을 수용할 정도로 둘레가 크며,
자연적으로 형성된 몇 개의 구멍이 방사형으로 자리 잡고
삼나무만한 기둥이 이를 지탱한다.

　　인간이 지질학 조사로 홈트리 하부에
언옵타늄이 대량 매장되어 있음을
밝혀내자 이 신성한 나무는 RDA의
최우선 표적이 된다. RDA 보안팀 부대가
홈트리를 파괴하자 오마티카야 부족은 판도라의
울창한 열대우림에서 새 보금자리 홈트리를 정할 때까지
시간을 갖기로 한다.

**부족의 기둥**

오마티카야 홈트리의 내부는 수천 년에 동안 아치형, 기둥형, 나선형으로 뿌리가 자라 예배당 같은
형태를 갖췄다.

**꿈꾸는 시간**
오마티카야 부족은 안전하고
든든한 거대 홈트리 내부에서
지상으로부터 높이 떨어진 곳에
해먹을 매달아 잠을 잔다.

## 자연이 만든 건축물

홈트리 내부 공간은 아치형 천장에 4개 층으로 나뉘어 있다. 가장 아래층은 나무뿌리가 얽힌
지하 묘지로 부족의 가장 신성한 의식이 이루어지는 장소다. 지상층은 탁 트인 넓은 공간이고,
3층은 식사, 만남, 그 외 모임용으로 쓰인다. 4층은 줄기가 얼기설기 엮여 뚫린 구조로 잠을
자는 공간이다. 나비족은 지상으로부터 높이 떨어진 곳에 해먹을 걸어 가끔 아래층에 출몰하는
위험한 포식자로부터 거리를 둔다.

## 홈트리 내부

홈트리의 굵직한 뿌리를 동굴처럼 둘러싼 내부 공간은 다양한 용도로 활용된다. 이곳은 문제를 해결하고, 전략을 논하며, 승리를 축하하는 자리다. 부족민이라면 누구나 이 모임에 참여할 수 있다.

# 그 외 나비 부족들

**나비족 공동체는 자신만의 유구한 역사와 문화를 자랑하는 여러 고대 부족으로 구성된다.**

인간과 교류한 부족은 사실상 오마티카야가 유일하지만 판도라 전역에는 다른 여러 나비 부족들이 번성한다. 모든 나비 부족은 고유의 생활 양식과 자신들만의 방법으로 복잡한 무늬의 테피스트리 같은 나비족 문화 복합체의 일부가 되었다. 사냥과 채집으로 이름난 부족이 있는가 하면 훌륭한 공예 기술을 가진 부족도 있다. 부족마다 한 명의 리더가 있으며 남성은 '올로에이크탄', 여성은 '올로에이크테' 라고 한다.

나비 부족들은 일반적으로 상대를 적대시하지 않고 여러 가지 방법으로 갈등을 해결한다. 하지만 분노를 유발하면 극도로 사납게 변한다. 특히 거주 지역이나 영역에 큰 변화가 일어날 경우 부족 간 전쟁이 없지는 않았다. 이런 상황은 대개 의도적인 침략이 아닌 홍수와 같은 외부 요인의 영향으로 빚어진 사태다. 나비족은 전쟁 시 격렬하게 싸우는 것이 특징이지만, 일단 전투가 끝나면 전통에 따라 협상, 절충 등 평화를 위한 여러 수단을 강구한다. 사는 모습은 다르지만 모든 부족은 판도라와 여신 에이와를 사랑하고 존경하는 마음을 가졌기에 마지막에는 하나가 된다.

## 타이랑기 부족

타이랑기는 이크란 부족 중에서도 단연 존재감이 크다. 이크란 부족이란 '이크란', 즉 마운틴밴시를 타는 부족들을 넓게 지칭하는 말이다. 타이랑기 부족은 거친 동쪽 바다에 높이 솟은 절벽 끝에서 생활한다. 바다는 부족의 식량 공급처다. 밴시를 타고 다이빙하는 방식으로 물고기를 잡는다. 밴시와 기수는 빠른 속도로 파도 속으로 내리꽂혀 잠시 잠수한 후 다시 하늘로 날아오른다. 위험한 조종인 만큼 제대로 해내지 못한다면 기수는 목숨을 잃을 수 있다. 이웃 오마티카야 부족과 '토루크막토' 의 부름을 받자 타이랑기 부족은 전력으로 동족을 지원했다. 이들이 갈고 닦은 공중 사냥 전술은 이들의 존재를 몰랐던 RDA 파일럿들을 상대할 때 큰 도움이 되었다.

**이케이니**
이케이니는 타이랑기 부족의 '올로에이크테' 다. 그녀는 온몸을 칠하고 전투의 함성을 외치며 오마티카야를 위해 부족원들을 결집시킨다.

## 타우카미 부족

정글에서 생활하는 유순한 나비족으로 식물, 화학, 연금술 감각을 타고났다. 다른 부족은 숲을 그저 초록의 아름다운 곳으로 본다면, 타우카미 부족은 숲을 특별한 능력과 가치를 지닌 재료들을 무더기로 모아 놓은 귀중한 장소로 본다. 타우카미 부족은 자연 재료들을 조합하여 오랜 세월 갈고 닦은 기술로 강력한 영약과 치료제를 만든다. 아주 오래된 나비족 이야기에 치알이라는 젊은 타우카미 부족이 등장한다. 그녀는 가장 신성한 씨앗을 사용해 최초의 '토루크막토' 가 포악한 '토루크' 를 길들이는 과정에 도움을 줬다.

### 화초의 용도
타우카미 부족은 식물로부터 식량, 약, 의복,
장신구를 얻는다.

### 시선은 멀리
케쿠난 부족은 잎과 깃털로 만든 가리개를 착용해 고속 비행 중
바람으로부터 눈을 보호한다.

## 케쿠난 부족

놀랍게도 이 나비 부족은 깎아지른 위험천만한 산속 절벽에 자리 잡고 있다. 타이랑기 부족과 마찬가지로 케쿠난 부족은 밴시 비행의 달인이다. 전설에 따르면 최초로 밴시와 교감을 맺은 나비족이 케쿠난 부족이었다. 케쿠난 부족 젊은이는 일찌감치 밴시 타는 훈련을 시작해 부족의 자랑인 반응 속도와 반사 신경을 키운다. 케쿠난 부족은 밝고 화사한 색상의 복장으로 자신감을 드러내고, 기수들은 자신이 타는 밴시의 강렬한 무늬와 어울리는 색을 선택하는 경우가 많다.

77

## 아누라이 부족

아누라이는 밤하늘에 담긴 지혜에 특화된 고대의
부족이다. 부족원들은 별과 행성, 달의 움직임을 따라가며
위치를 기록한다. 아누라이는 판도라에서 예술적 기량이
아주 뛰어난 부족이기도 하다. 악기, 시각 예술, 보석 등
그들이 만든 공예품은 월등한 수준을 자랑해 판도라뿐만
아니라 지구 암시장에서도 높게 평가된다.

　일부 아누라이 공예기술자는 작업에 꼭 필요한 재료를
찾아 돌아다니기도 하지만 부족원 대다수는 광활하고
성스러운 본 생추어리에 정착해 생활한다. 그리고 이제는
에이와와 함께 달리는 영혼이 된 고대 동물들의 뼈를
이곳에서 취해 아름다운 공예품으로 탈바꿈시킨다.

**진귀한 장신구**
아누라이 부족 '차히크'가 정교하게
구슬을 꿴 머리 장식을 쓰고 있다.
이런 귀금속은 아누라이족 문화의
주요 특징이다.

## 티파니 부족

티파니 부족은 나비족 중 가장 용맹한 전사 부족이라
해도 무방하다. 이들은 광범위한 지역에서 두루 사냥하는
실력으로 정평이 나 있다. 판도라의 울창한 정글 곳곳에
열 개가 넘는 작은 마을을 이루어 살고 있다.

　모든 나비족이 싸움에 능하지만 티파니식 훈련법을
따라갈 부족은 없다. 부족 아이들은 아주 어릴 때부터
전사로 길러진다. 티파티 부족은 사냥할 때 소리를 내지
않고 이동한다. 이 조용한 사냥 스타일은 그들의 평소
행동에도 잘 나타난다. 티파니 부족은 극도로 말수가 적고
입을 열 때는 심사숙고하여 말에 무게가 있다.

**전투 준비**
퀴라스게 껍질로 만든 독특한
갑옷을 착용하는 티파니 부족은
언제나 사냥 태세를 갖추고 있다.

## 올랑기 부족

오마티카야 부족의 밀림에서 밴시를 타고 꼬박 하루를 날아가야 하는 거리에 위치한 광활한 초원. 지형이 전혀 다른 이곳은 올랑기 부족을 비롯한 여러 기마 부족이 터를 잡고 있다. 대다수의 나비족과 달리 유목 성향이 강한 올랑기 부족은 사냥하는 동물의 이동 경로를 따라다닌다. 다이어호스를 타는 여러 부족이 있지만 올랑기 부족에게 다이어호스는 그들 고유의 문화이자 부족의 전투마이다. 올랑기 부족은 오마티카야 부족이 전투를 치를 때 지원군을 보내 영혼의 나무를 파괴하려는 RDA를 저지한다.

### 아크웨이

남다른 체격을 자랑하는 아크웨이는 올랑기 부족의 '올로에이크탄' 으로 말을 잘 몰고 두려움이 없는 전사다.

6장

# 신성한 장소

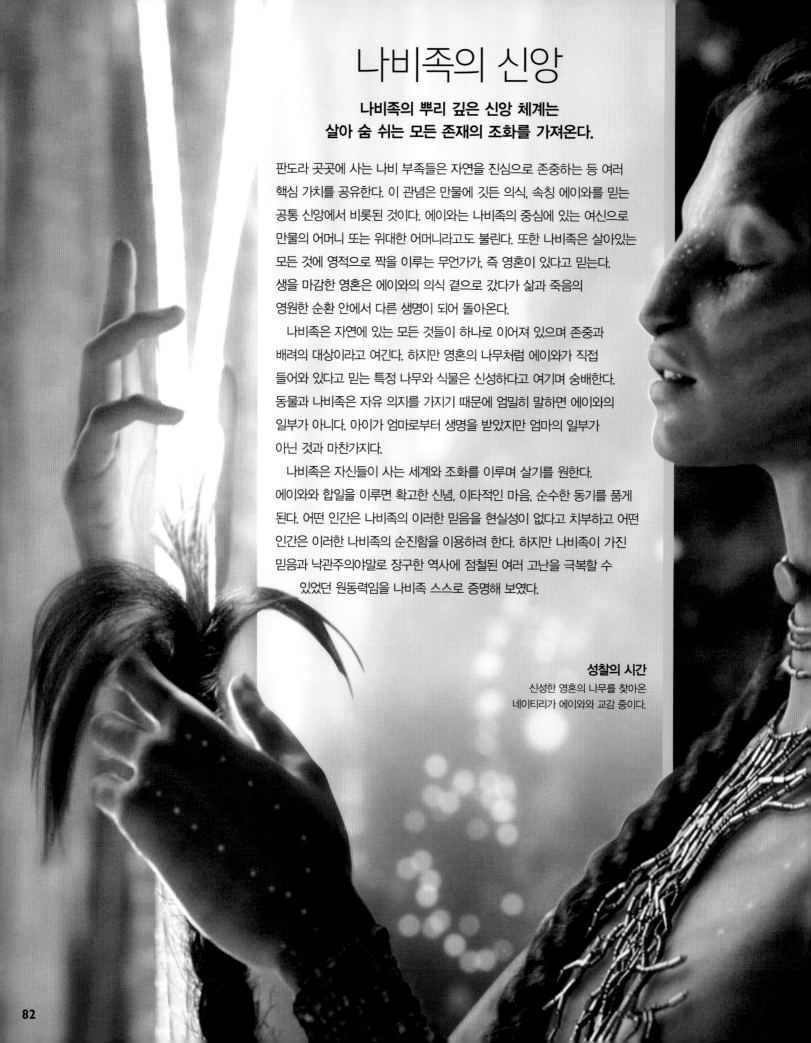

# 나비족의 신앙

**나비족의 뿌리 깊은 신앙 체계는
살아 숨 쉬는 모든 존재의 조화를 가져온다.**

판도라 곳곳에 사는 나비 부족들은 자연을 진심으로 존중하는 등 여러 핵심 가치를 공유한다. 이 관념은 만물에 깃든 의식, 속칭 에이와를 믿는 공통 신앙에서 비롯된 것이다. 에이와는 나비족의 중심에 있는 여신으로 만물의 어머니 또는 위대한 어머니라고도 불린다. 또한 나비족은 살아있는 모든 것에 영적으로 짝을 이루는 무언가가, 즉 영혼이 있다고 믿는다. 생을 마감한 영혼은 에이와의 의식 곁으로 갔다가 삶과 죽음의 영원한 순환 안에서 다른 생명이 되어 돌아온다.

나비족은 자연에 있는 모든 것들이 하나로 이어져 있으며 존중과 배려의 대상이라고 여긴다. 하지만 영혼의 나무처럼 에이와가 직접 들어와 있다고 믿는 특정 나무와 식물은 신성하다고 여기며 숭배한다. 동물과 나비족은 자유 의지를 가지기 때문에 엄밀히 말하면 에이와의 일부가 아니다. 아이가 엄마로부터 생명을 받았지만 엄마의 일부가 아닌 것과 마찬가지다.

나비족은 자신들이 사는 세계와 조화를 이루며 살기를 원한다. 에이와와 합일을 이루면 확고한 신념, 이타적인 마음, 순수한 동기를 품게 된다. 어떤 인간은 나비족의 이러한 믿음을 현실성이 없다고 치부하고 어떤 인간은 이러한 나비족의 순진함을 이용하려 한다. 하지만 나비족이 가진 믿음과 낙관주의야말로 장구한 역사에 점철된 여러 고난을 극복할 수 있었던 원동력임을 나비족 스스로 증명해 보였다.

**성찰의 시간**
신성한 영혼의 나무를 찾아온
네이티리가 에이와와 교감 중이다.

**숲속 회합**

나비족은 자연계에서 에이와의 계시를 찾는다. 가령 네이티리와 그녀의
어머니이자 오마티카야 부족 '차히크'인 모앗은 영혼의 나무 씨앗
'아토키리나'로부터 영적인 질문에 대한 응답을 구한다. '아토키리나'는
인간에게 나무 정령으로 알려져 있다.

## 자연과 신의 관계

나비족에 따르면 에이와는 세상을 창조한 전능한 신이
아니다. 또한 나비족은 다른 신들이나 악마의 존재, 혹은
산이나 강, 화산 등 생명이 없는 자연에 어떤 영이
깃들었다고 믿지 않는다. 나비족은 폭풍이나 홍수, 그 밖의
자연 현상들을 통제 불가능한 영역으로 인지한다. 그렇기에
에이와는 생명과 삶의 균형의 수호자로서 목숨을 위협하는
천재지변으로부터 나비족을 도와주고 보호하며 인도하는
존재다.

## 에이와의 전령

*'아토키리나'* (나무 정령)는 판도라에서 자라는 영혼의 나무
씨앗이다. 나비족에 따르면 이 씨앗은 매우 순수하고 신성한
영혼이다. 심해의 작은 해파리와 비슷한 모습이지만 민들레 씨처럼
바람을 타고 다닌다. 나비족은 나무 정령을 신성시하며 종종
전조와 계시를 담은 존재로 여긴다.

**에이와와 이어짐**

영혼의 나무 아래 모인 나비족은 에이와를 향해
감사의 제를 올리고 부족이 나아갈 길을
간구한다. 또한 치유의 의식을 거행한다.

# 영혼의 나무

## 나비족과 에이와를 잇는 영적 구심점

영혼의 나무(나비어로 '*비트라야 라무농*')는 생체발광 하는 긴 덩굴손과 반쯤 노출된 큼직한 뿌리를 가진 수양버들을 닮은 거대한 나무다. 웅장한 바위 아치가 있는 계곡에 뿌리 내리고 있다. 영혼의 나무는 에이와가 세상과 소통하는 통로이다. 나비족은 이 나무를 통해 에이와와 긴밀하게 이어진다고 믿는다. 해파리를 닮은 이 나무의 씨앗 '*아토키리나*' (나무 정령)에는 에이와와 교감하는 영혼이 담겨 있다고 한다. 나비족은 씨앗들이 움직이는 모양을 중요한 전조로 해석한다. 씨앗이 흘러가는 방향, 내려앉는 장소, 군집성 등은 나비족에게 큰 의미를 담고 있다.

RDA 관계자들도 영혼의 나무가 서 있는 신성한 장소에 지대한 관심을 가진다. RDA 입장에서 바위 아치가 존재한다는 말은 강한 자기장과 더불어 귀한 언옵타늄이 풍부하게 매장되어 있음을 시사한다. 오래 지나지 않아 영혼의 나무 주변 지역은 판도라에서 가장 많은 사건이 발생하고, 차지하려는 자와 지키려는 자의 격렬한 전투가 자주 벌어지는 장소가 된다.

### 영험한 나무

영혼의 나무 뿌리는 대단히 영험한 힘이 있다. 인간의 의식을 온전히 에이와에게 전송하거나 다른 육체로 보내는 것도 가능하다. 에이와가 일하는 방식은 인간의 이해 범위를 넘어선다.

## 신성한 교감

나비 부족원들은 도움이 필요할 때 위대한 영혼의 나무 그늘 아래 모여 앉아 팔을 맞잡고 땋은 머리 같은 '쿠루' 를 밖으로 드러난 뿌리에 연결해 신경 링크를 형성한다. 이 의식을 통해 나비족 개개인이 서로 동시에 연결되어 정신적으로 더욱더 강한 상태가 된다. 나비 부족의 영적 리더 '차히크' 에 따르면 이렇게 연결된 부족원들은 서로를 더 잘 '보고' 에이와로부터 메시지를 받고자 할 때 이를 증폭할 수 있다. 모든 에이와의 창조물은 서로 이어질 수 있으므로 부족원 전체가 힘을 합친다면 나비족의 의지로 만들어낼 수 있는 가장 강력한 연결체가 만들어진다. 현재까지 판도라에서 부족 전체를 이을 수 있는 장소는 영혼의 나무가 유일하다.

# 소리의 나무

## 오마티카야 모든 선조들의 목소리와 상념, 생의 저장소

소리의 나무 '우트라야 모크리'는 오마티카야 부족의 모든 기억을 신경 중심부에 간직한 위대한 나무다. 심지어 열대우림에 사는 수많은 동식물의 기억까지 담고 있다. 모든 기억은 자연 신경망, 다시 말해 나비족이 섬기는 여신 에이와가 간직하고 있으며 나비족은 기도와 의식을 통해 이 기억에 다가갈 수 있다. 나비족은 머리처럼 땋은 자신의 '쿠루'를 소리의 나무 뿌리에 휘감아 교감하며 그들이 보고 듣고 느끼고자 하는 것들에 마음을 집중한다. 에이와는 이에 곧바로 반응해 과거에 소리의 나무와 교감했던 모든 이들의 풍성한 경험을 들여다 보고 해석할 수 있도록 해 준다.

### 과거와 이어지는 이유
큰일을 앞둔 나비족은 소리의 나무를 찾아가 자신의 기억을 에이와에게 위탁한다.

## 달콤하지만 씁쓸한 만남

소리의 나무는 이 세상을 떠난 나비족의 기억을 모아둔 일종의 거대한 데이터 저장 시스템이다. 오마티카야 부족원 중 누군가는 아주 가끔, 누군가는 매일 이 나무와 연결해 자신의 생각과 기억, 희망, 꿈을 에이와에게 전송한다. 가족 구성원이 죽었을 때 남겨진 이들은 소리의 나무에 자신의 '쿠루'를 연결시켜 죽은 자에게 말을 걸기도 한다. 죽은 자에게는 본인이 죽기 전 마지막으로 소리의 나무에서 에이와와 이어진 시점까지의 기억만 남아있다. 많은 이들에게 달콤하지만 씁쓸한 교감이 아닐 수 없다. 가족들은 에이와의 품으로 돌아간 사랑했던 이와 다시금 소통할 수 있지만 이 만남은 일시적일 뿐 '쿠루'가 풀리는 순간 끝이 난다.

### 또 다른 세상에서
생체발광으로 빛나는 나무와 주변 환경은 이 신성한 곳을 찾는 모든 이들에게 놀라움과 경외감을 불러일으킨다.

## 잃어버린 사랑을 찾아

나비족의 전사 쯔테이는 소리의 나무를 찾아와 사랑했던
실와닌과 이어진다. 그녀는 네이티리의 언니로 RDA
용병에게 목숨을 잃었다.

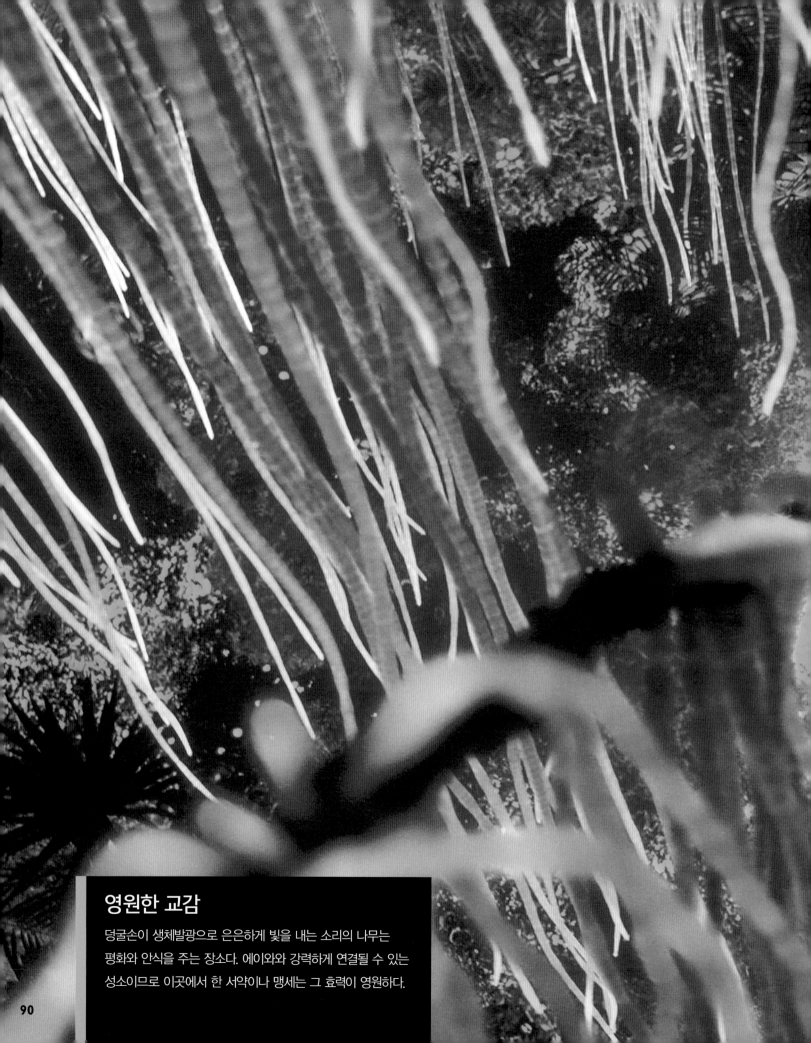

## 영원한 교감

덩굴손이 생체발광으로 은은하게 빛을 내는 소리의 나무는
평화와 안식을 주는 장소다. 에이와와 강력하게 연결될 수 있는
성소이므로 이곳에서 한 서약이나 맹세는 그 효력이 영원하다.

# 제원 (諸元)

**함체번호:** 601-09

**전장:** 1,502.4m

**전폭:** 302.3m

**전고:** 218m

**항속거리:** 4.4광년

**동력:** 수소융합/반물질 엔진

**순항속도:** 초속 210,000Km

# ISV 벤처스타

## 우주를 가로지르는 공학의 결정체

성간 우주선Interstellar Vehicle(ISV) 벤처스타는 비슷한 급의 다른 우주선들과 더불어 인류 역사상 최고의 기술력이 응집되어 있다. 벤처스타는 지구와 알파 센타우리 성계를 오가는 상업용 우주 교통수단인 대규모 우주함대 중 하나다. 이 함선은 여느 캐피탈스타급과 마찬가지로 알파 센타우리, 그 중에서도 자원이 풍성한 판도라로 화물과 승객을 대량 운송하기 위해 설계되었다.

이 우주선의 임무는 판도라의 천연자원 개발을 위한 공급망의 연결고리가 되는 것이다. 우주선에 엄청난 비용이 들어가지만 인류 문명의 핵심 운송 기술(자기부상, 궤도체 발사장치 등)의 언옵타늄 의존도가 점점 높아짐을 고려하면 투자할 만한 가치가 있다. 이 유용한 장비가 없었다면 대규모 성간 무역은 불가능했을 것이다. 언옵타늄은 우주선의 동력원인 물질-반물질-소멸 과정을 조절하는 초전도 자석배열에 사용된다.

IDPS 차폐막

언옵타늄 탑재 공간

## 모듈 구조

거주 공간, 일명 햅으로 불리는 모듈에는 지구에서 판도라로 가는 승객들이 탑승한다.

## 깊은 동면

승객 수십 명이 인위적으로 유도된 혼수상태에서 평화롭게
잠들어 있다. 안전한 저온 수면캡슐에 들어가 있는 신체는
의료진이 상태 체크를 한다.

## 구조의 정수

우주선은 양쪽에 달린 한 쌍의 엔진으로 추진된다. 엔진이 연결된 섬세한 지지대는
탑재 공간까지 뻗어 있고 승무원 25명의 생활공간, 최대 200명까지 수용하는
승객용 수면캡슐, 화물창고가 있다. 보호 장비로 설치한 성간 잔해물 방어시스템
Interstellar Debris Protection System(IDPS)은 각진 플레이트 4장이 중심축에
고정된 채 공간을 두고 겹친 구조로 되어 있다. 우주선의 전체 길이는 1.5km에
육박한다.

우주선은 크기와 구조 문제로 지구 대기권에서 건조하되 실제 운행은
지구나 판도라의 궤도에서만 하도록 설계되었다. 중력이 존재하는
큰 천체의 지표면에 착륙하기에는 현재 함선의 덩치가
너무 크고 부서지기 쉽다. 물론 행성을
출입할 때는 왕복선을
활용한다.

거대한 냉각장치가 엔진 열을 우주로 방출

## 상행선과 하행선

초장기간 비행하는 관계로 지금도 최대 7대의 ISV
우주선이 지구와 판도라를 오가며 우주에 떠 있다.

95

# 발키리 왕복선

## 우주선 ISV와 판도라 지표면을 오가며
## 화물과 물자, 직원을 운송

발키리는 판도라로 들어가는 마지막 구간에서 방문객을 마중 나오는 TAV급
(대기권 수송선 Trans Atmospheric Vehicle) 함선으로, 판도라의 궤도와
지표면 사이를 오가며 화물과 승객을 운송하는 왕복선을 지칭한다. 발키리는
21세기 지구에서 쓰던 수송용 왕복선보다 4배 가량 크지만, 더 견고한 비금속
복합체로 기체를 만들어 비교적 가벼운 중량을 자랑한다. 이 재질의 인장 강도는
아주 높지만 무게는 기존 왕복선에 쓰였던 퍼멀로이 합금의 1/4에 불과하다. 또한
함선 상부의 중요 위치는 탄소나노튜브 복합체를 적용해 안정성을 극대화하고
연비를 높였다.

  발키리는 강력한 듀얼모드 퓨전 엔진을 사용하므로 배기가스가 엄청나게 밝게
뿜어져 나온다. 밤이면 헬스게이트에서 궤도까지 올라가는 꼬리가 육안으로 보일
정도며 궤도 속도에 다다르기 전 지평선 너머로 사라진다. 왕복선이 궤도에
도달하는 시간은 10분이 채 걸리지 않지만, 궤도 내 기동과 ISV 도킹에 6시간이
추가로 소요된다.

# 제원(諸元)

**함체번호:** SSTO-TAV-37

**전장:** 101.7m

**전폭:** 80m

**항속거리:** 대기권에서
2,000Km

**동력:** 듀얼모드 융합 엔진

**순항속도:** 판도라의 중력에서
벗어날 때 시속 64,820Km
이상

### 개방적인 구조
발키리는 거대한 후미 램프를
내려 대형 차량과 AMP 슈트를
하역한다.

발키리의 화물칸은 승객의 안락함보다 실용성이
최우선이다. 접이식 좌석은 선적 용량을 극대화한다.

# RDA의 일꾼

발키리의 화물칸은 탑재된 화물을 벽에 단단히 고정하는 그물로 가득하다.
바닥에는 롤러를 설치하여 하역 속도를 높였고 직원 좌석도 겸비했다.

발키리는 병사, AMP 슈트(116–7쪽 참고), 물자 및 판도라에서 생산할 수 없는
특수 전자기기와 실험실 장비를 판도라로 실어 나른다. 가장 중요한 임무는
정제 언옵타늄을 판도라 지상에서 궤도에 있는 ISV까지 운송하는 일이다.
발키리가 없었다면 판도라에 사람이 있을 가능성은 거의 없다. 또한 모선으로
가는 유일한 이동 수단인 발키리는 지구로 돌아가는 기나긴 여정을 하는
인간에게 필수적인 연결 고리다.

97

## 공중 지원

부지 면적의 대략 1/3 이상은 왕복선
활주로, 수직이착륙기(VTOL) 착륙장 및
관련 부대시설이 차지하고 있다.

# 헬스게이트

## 판도라의 순수한 자연을 덮은 철과 콘크리트 그림자

공식 명칭은 자원 개발 관리 외행성 콜로니Resources Development Administration Extra–Solar Colony 이고 판도라에 거주하는 인간들이 이곳을 헬스케이트라 부른다. 언옵타늄을 채굴하고 판도라의 생태를 과학적으로 조사할 목적으로 세운 시설이다. 헬스게이트는 RDA 아바타 프로그램의 신경센터이기도 하다.

군대식으로 운영되는 헬스게이트에는 2,500여명이 상주하며 보안팀 직원, 병영, 행정사무실, 매점, 훈련시설, 간부용 밀폐 숙소, 무기와 차량 관련 시설이 있다. 연구시설과 착륙구역 사이에 위치한 실외 공간에는 수면시설인 롱하우스, 육상 훈련 구역, 야외 스포츠 구역 외 텃밭, 정원, 농장 구역 등이 아바타 프로그램 멤버용으로 특별하게 조성되었다.

## 방어 체계

헬스게이트는 인간에게 해로운 판도라의 환경과 위험한 야생 동물로 인해 상시 차단한다. 전체 시설을 오각형 울타리로 에워싸고 있다. 방어탑은 지상과 지하, 공중으로 오는 침입자를 방어한다. 기지 주변 사방 30m를 깔끔히 밀어내고 수목 제거용 차량으로 순찰하며 채굴 부산물인 산성 물질을 주기적으로 살포해 밀림이 다시 자라는 것을 막는다.

### 채굴 임무

현재 사용되는 언옵타늄은 헬스게이트와 인접한 노천 광산에서 가장 많이 생산된다. 해당 지역은 숲이 우거진 계곡인데 마치 깊게 패인 흉물스러운 상처처럼 보인다.

## 잠식하는 위협

발키리 왕복선이 지상에 가까워질수록 인간이 거주하는 콜로니, 통칭
헬스게이트의 전경이 눈에 들어 온다. 공업을 상징하는 회색빛 콘크리트와
철제가 판도라 주변 환경의 무성한 초록색과 극명한 대조를 이룬다. RDA
는 경계 경보와 기타 방어 수단을 발동하여 밀림에 사는 생명체나 식물이
인간이 사는 구역으로 접근하지 못하도록 막는다.

# 아바타 프로그램

**RDA의 과학적 성과 덕분에 인간은
판도라의 유독성 대기에서도 잘 지낼 수 있게 된다.**

아바타는 나비족의 육체에 인간의 DNA가 합쳐진 생물학적 외골격으로
인간의 의식이 깃들 수 있다. 인간에겐 해로운 환경에서도 나비족의 육체는
완벽하게 적응했다. 그래서 판도라에서 아바타가 가지는 의미는 중요하다.
RDA가 아바타 프로그램을 시작한 본래 목적은 판도라의 식량을 섭취하고
보호 장구 없이 채굴 가능한 노동자를 만드는 것이었다. 그런데 채굴 인력을
충분히 확보하려면 천문학적인 정신접속 시스템 운용비를 감당해야만 했다.
이후 아바타 프로그램은 토착민인 나비족과의 소통을 발전시키는 임무로
성격이 바뀐다. 지구 출신의 관료, 학자, 정치인들이 맡은 우주 생물학 실험인
기존의 아바타 프로그램은 별다른 성과를 내지 못하고 결국 최신 RDA 기술을
접목하여 치밀하게 관리하는 공학 프로젝트로 전환된다

**월등한 신장**
프로그램 리더인 그레이스 오거스틴 박사가 아바타들이 잠들어 있는 아바타 롱 하우스의 문을
닫고 있다. 3.3m에 달하는 큰 키는 연구팀 장비를 착용한 인간보다 월등히 크다.

### 과학의 경이
새로 합류한 제이크 설리가 아바타 프로그램 과학자들이 이뤄낸 성과를 눈으로 확인한다. 아바타는 지구에서 판도라로 운송되는 긴 여정 동안 영양소가 풍부한 양수탱크 내부에서 성장하며 완성된다.

# 제2의 육체

인간 지원자들은 각자 자신과 짝을 이루는 아바타를 부여받는다. 아바타는 유전공학으로 만들어 낸 인간과 나비족의 교잡종인 키메라다. 조종자인 인간의 의식이 사이오닉 접속장치를 통해 아바타의 몸에 깃들어 있는 동안 인간 본체는 수면 상태가 된다. 그리고 각자의 의식에 맞춰 특별히 제작된 나비족 신체를 조종한다. 아바타 자체는 의식이 없으며 조종자인 인간의 의식이 깃들지 않으면 식물인간과 다름없다. 인간은 자신의 DNA 정보와 일치하는 아바타에만 들어갈 수 있으므로 아바타마다 고유의 사용자가 있는 셈이다.

개별 아바타 클론은 판도라 토착민과 특정 인간의 유전자를 합친 것이지만 그 결과물은 크기나 형태 면에서 나비족의 유전자를 취한다. 다만 아바타는 손가락과 발가락이 5개이며(나비족은 4개) 눈이 더 작다는 점은 인간 유전자 영향을 받았다.

### 감출 수 없는 눈매
아바타의 신체는 인간의 눈썹을 가졌다는 점에서
혼성 DNA의 특징이 드러난다.
이 유전정보의 발현은 아바타와 나비족을
구분하는 간단한 방법 중 하나다.

# 연구팀원

## 판도라의 비밀을 풀기 위해
## 헌신하는 과학자팀

아바타 프로그램의 뿌리는 RDA 연구팀 Science Operation(SciOps)이다. 2154년 RDA가 언옵타늄 채굴 활동에 예산을 돌리는 바람에 연구팀은 예산과 인력이 부족해졌다. 그레이스 오거스틴 박사는 자신이 이끄는 아바타 프로그램을 지속하고, 판도라 동식물 체계를 정리하며, 나비족과 우호적인 관계를 유지하기 위해 온갖 노력을 기울였다. 판도라 행성에 서식하는 놀라운 동식물과 나비족을 최대한 알기 위해 힘을 쏟는 연구팀과 탐욕스러운 기업 논리로 연구자금을 대는 RDA 사이의 갈등은 이미 예견된 것이었다.

### 위대한 발걸음
오거스틴 박사의 아바타는 인간 중 최초로 판도라에 발을 디뎠다. 그 덕분에 무궁무진한 탐사 기회를 누릴 수 있었다.

## 그레이스 오거스틴 박사

그레이스 오거스틴는 나비족과 RDA 간의 갈등이 터지기 약 30년 전 판도라에 도착했다. 그녀는 온갖 생명이 살아 숨 쉬는 행성을 탐험하고 신기한 동식물들이 잠재적으로 품고 있을 이점들을 찾아낼 기대감으로 가득 차 있었다. 과거 식물 다양성의 보고였던 지구가 철저하게 망가진 탓에 과학자들은 식물 생존력을 높이기 위해 온 힘을 다하고 있는 상황이다. 이 분야에서 일찌감치 능력을 인정받은 그레이스는 젊은 나이에 저명한 식물학자로 이곳에 왔다.

그레이스는 판도라의 매력적인 생태계와 무궁무진한 다양성에 완전히 사로잡혔다. 그녀의 연구는 판도라의 식물에서 지구에 흔히 존재하는 몇몇 바이러스를 치료하는 물질을 찾아내는데 기여한다. 또한 그녀는 행성 토착민인 나비족의 경이로움과 지혜를 깊이 이해하게 된다.

시간이 지나면서 RDA 총책임자 파커 셀프리지는 판도라의 식물과 나비족의 문화에 관한 그레이스의 연구를 무시하기 시작한다. 나비족과 RDA의 갈등이 되돌릴 수 없는 지경에 이르자 그레이스는 마음의 소리를 따라 RDA에 대항하며 나비족 편에 선다.

### 몸을 던진 헌신
자신의 연구에 온전히 빠져드는 것이야말로 그레이스가 RDA 고위층의 압력에 대항할 수 있는 용기의 원천이다.

## 노엄 스펠먼 박사

과학자 노엄 스펠먼은 인생의 상당 부분을 판도라에 오기 위해 준비하며
보냈다. 우수한 학생이었던 노엄은 자신의 영웅 그레이스 오거스틴 박사가 쓴
책을 읽고 또 읽으며 늘 우주를 갈망했다. 수 년간 목표를 향해 정진한 노엄은
마침내 아바타 프로그램에 합류하는 결실을 맺는다.

　판도라에 도착한 노엄은 헬스게이트 내부에 파벌이 형성돼 서로 사이가 좋지
않다는 사실에 크게 놀란다. 고조되는 갈등 상황에 얽히지 않으려고 열심히
연구에만 몰두했다.

　노엄은 판도라에 머물면서 예상치 못한 사랑에 빠지고, RDA와 나비족 간
갈등의 본질을 알게 된다. 급변하는 질서 속에서 자신의 본분을 깨닫는 등
극적인 변화를 겪는다. 결국 그는 과학자가 아닌 전사가 되어 오마티카야
부족을 도와 RDA와 맞서 싸운다.

### 안내 전문가
노엄이 보유한 판도라에 관한 지식은 아바타 프로그램 연구팀의 야외
활동에 절대적인 도움이 된다.

## 맥스 파텔 박사

그레이스 오거스틴의 오른팔인 맥스 파텔은 아바타 프로그램에
중요한 링크 유닛의 책임자이다. 온화한 성격을 가진 기술자로
지저분한 기업 분쟁에 무관심하며 판도라에서 과학자의 역할에
깊은 도덕적 의미를 부여하는 것에도 거리를 둔다.

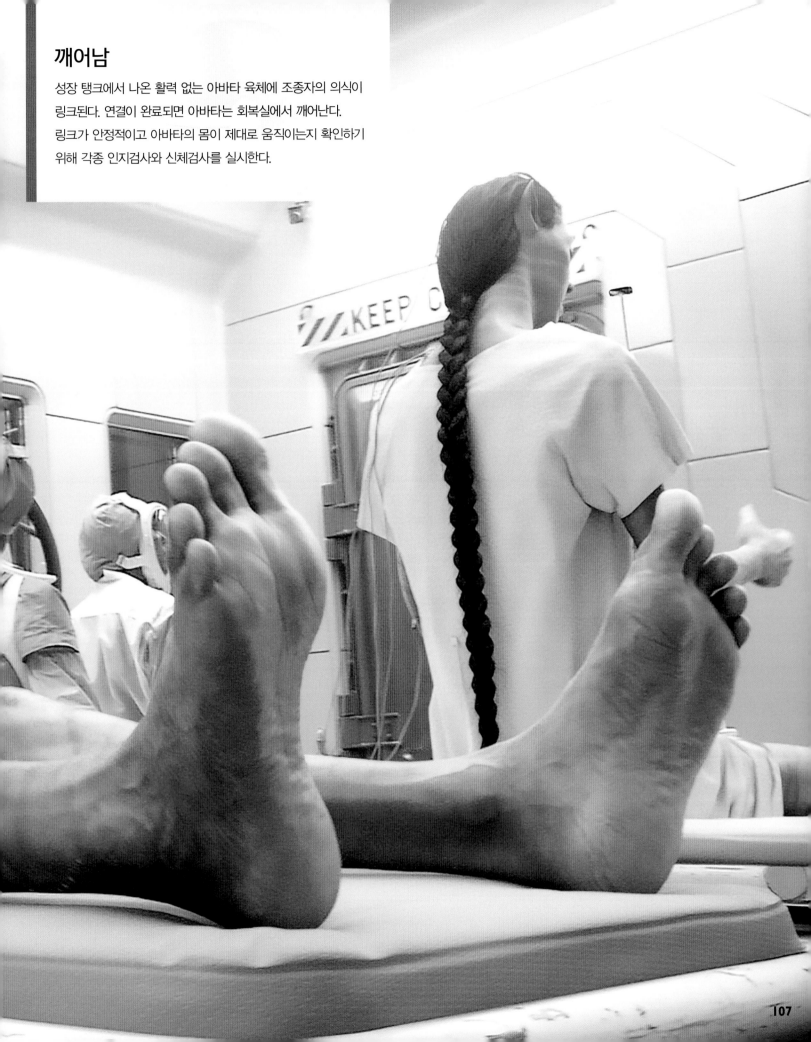

## 깨어남

성장 탱크에서 나온 활력 없는 아바타 육체에 조종자의 의식이
링크된다. 연결이 완료되면 아바타는 회복실에서 깨어난다.
링크가 안정적이고 아바타의 몸이 제대로 움직이는지 확인하기
위해 각종 인지검사와 신체검사를 실시한다.

## 마일스 쿼리치 대령

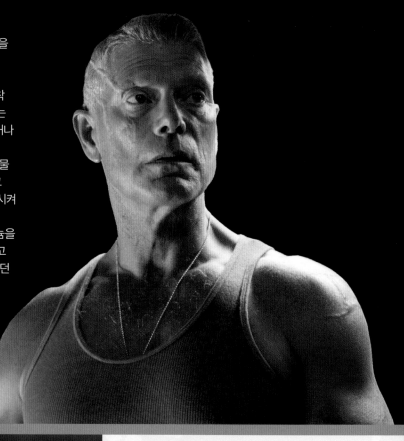

해병대 특수수색대에서 기업 보안 교관으로 변신한 쿼리치 대령은 RDA 보안팀을 지휘한다. 쿼리치는 거친 전장을 누비며 끊임없이 단련된 군인이다. 그는 명예를 걸고 싸움에 임하는 베테랑임에도 불구하고 자신이 싸워야 할 진정한 이유를 지금까지 찾지 못했다. 하지만 이제는 다르다. 그에게 인류의 생존은 판도라 토착 생물의 안위와는 견줄 수 없는 절체절명의 문제. 자신을 고용한 RDA의 끝없는 탐욕에 물들어 버린 쿼리치는 공감 능력이 사라져 버리고 자신이 이해할 수 없거나 이해하고 싶지 않은 대상은 일말의 망설임 없이 부숴버릴 수 있다.

쿼리치는 판도라에 도착한 첫날 바이퍼울프의 공격을 받아 판도라의 야생 동물 및 토착민에게 뿌리 깊은 증오가 생긴다. 그날 입었던 상처는 훈장처럼 간직하고 있다. 흉터는 '낙원처럼 보이는' 이 행성에 도사리고 있는 위험과 복수심을 상기시켜 주는 표식이다.

쿼리치는 하루빨리 나비족을 홈트리에서 몰아내고 그 아래에 매장된 언옵타늄을 채굴하기를 원했다. 그는 나비족을 향한 적개심만큼이나 자신의 임무를 완수하고 병사들을 지키려는 열망이 컸다. 쿼리치의 최후는 나비족을 전혀 존중하지 않았던 그의 자세와 판도라의 복잡하고도 섬세한 생태계가 빚어낸 결과물이다.

## 파커 셀프리지

파커 셀프리지는 RDA 활동의 총책임자로 전형적인 기업경영인이 지닌 편협한 마인드의 소유자다. 사무 업무나 일상적인 헬스게이트 콜로니 관리 역량만 본다면 어느 정도 능력 있는 관리자이나 큰 그림을 보는 눈이 부족했다.

셀프리지는 악당이라기보다는 그저 기업의 오만함과 개발 논리가 낳은 인물에 불과하다. 그는 그레이스 오거스틴 박사의 진지한 논의를 등한시하며 퍼팅 연습을 즐기며 판도라와 경이로운 자연을 더 존중해 달라는 박사의 간청을 건성으로 듣는다. 셀프리지에게 있어 RDA의 임무는 간단하다. 바로 언옵타늄을 손에 넣는 것. 윤리나 도덕을 따지는 주장은 셀프리지에게 뜬구름 잡는 소리일 뿐이다. 셀프리지도 어렴풋이 느끼는 바가 있었겠지만 괜한 고민으로 마음이 불편해지기를 원치 않았다.

### 안정지향형 관리자

셀프리지는 RDA 콜로니 내부를 벗어나지 않고 홀로그램으로만 판도라의 지형을 관찰한다.

# RDA와 보안팀원

## 판도라의 모든 생명체로부터
## 헬스게이트의 안전을 수호

헬스게이트는 수많은 민간인, 여러 채굴업체, 연구팀 그 외 RDA 소속
지원인력의 보금자리다. 그리고 기지를 통솔하는 총책임자는 파커 셀프리지다.
RDA 보안팀Security Operations Division(SecOps)은 잠재적으로 생명을
위협할 수 있는 판도라의 동식물로부터 전 직원을 안전하게 지키는 역할을
맡았다. 얼굴에 흉터를 지닌 백발의 콜로넬 마일스 쿼리치 대령을 위시한
보안팀은 헬스게이트 주변 지역과 하늘을 쉬지 않고 순찰한다. RDA
사설부대는 스콜피언 건십, 삼손 수직 이착륙기 같은 특수 장비로 철저하게
무장하고 있다.

보안팀은 판도라 기지가 습격 당할 것에 대비해 최전방과 최후방을 지키는
것뿐만 아니라 과학자들이 야외로 나갈 때 연구팀에 무장 경호를 제공하고
언옵타늄 채굴 작업을 보호하는 임무도 수행한다.

## 라일 웨인플릿 상병

웨인플릿은 오직 돈과 사냥의 전율을 즐기기 위해 싸우는 무지막지한
용병이다. '힘이 곧 정의다'라는 말을 몸소 보여주듯 그는 AMP 슈트가
압도적인 도덕적 권위를 부여한다고 믿는다. 웨인플릿은 추악한
침략군의 면모를 그대로 보여주는 전형적인 인물이다.

**충격과 공포**
웨인플릿이 RDA 건십의 힘을 빌어 판도라 저항군을
박살 낼 준비를 하고 있다.

## 트루디 차콘

트루디는 화물기 파일럿이다. 그녀의 과거는 자세히 밝혀지지
않았지만 노련한 모습이 과거 군대나 준군사조직에 몸담았던
것으로 추정된다. 하지만 트루디는 쿼리치 대령이나 다른 보안팀
동료들과는 결이 다른 인물로 아바타 프로그램 연구팀과 더
가까이 지냈다. 과학자 노엄 스펠먼과는 로맨스 관계로
발전하기까지 한다.

다른 연구팀원이 그러했듯 트루디도 RDA와 나비족의 갈등이
격화되는 상황에서 어느 편에 서야 할지 선택해야 했다. 그녀는
할렐루야 산 전투 중에 나비족과 함께 하기로 결단한다. 그녀의
연인 노엄이 밀림에서 아바타 상태로 사력을 다해 도망치고 있을
때 트루디는 SA-2 삼손 수송용 헬리콥터의 기수를 돌려 적장
쿼리치의 함선으로 자신의 목숨을 걸고 돌진한다. 그녀의
희생으로 쿼리치의 공격이 지체되고 영혼의 나무를 지킬 수
있었다.

**명예에 살고 죽음**
트루디 차콘은 재치 있고 도도하며 무서울
정도로 충성스러운 인물로 자신의 의지에
따라 행동하고 타인에게 놀아나지 않는다.

# RDA 기술

## RDA는 채굴, 보안, 연구 활동 등 모든 임무 수행에 대비해 최첨단 장비와 함께 판도라로 왔다.

인류는 22세기에 이르러 언옵타늄과 같은 초전도체가 가진 힘을 다루는 법과 광속보다 빨리 여행하는 법을 습득했다. 또한 개인과 기업에 큰 변화를 가져온 중요한 기술적 성취를 이루었다.

RDA는 현존하는 우주 최대 재벌 기업으로 군용 및 연구에 직접 사용할 목적으로 고도의 기술을 적용한 여러 가지 장비 개발에 수십억 달러를 투자했다. RDA의 최신 기술력은 판도라에서 사용하기 위해 별도로 개발된 것들이다. 이 기술은 채굴 임무, 탐사, 판도라 환경 개발, 아바타 프로그램에 적용되었다.

**헤드업 디스플레이**
트루디 차콘과 아바타 프로그램 멤버들이 영혼의 나무 상공에 위치한 플럭스 볼텍스의 이미지를 검토하고 있다.

**실내에서 보는 세상**
RDA 본부에 있는 3D 홀로그램 디스플레이로 판도라의 지형 및 주요 언옵타늄 매장 지점을 확인할 수 있다.

# 보안팀 & 연구팀 장비

## 호흡팩

이 외부 장치는 유독성 판도라 대기를
접하는 인간에게 필수품이다.
충전형 배터리는 10시간 지속된다.

## 이어폰
## & 성대 마이크

원거리 교신 장비로 인간과
아바타는 이 초소형 통신기로 멀리
떨어진 상대와 대화할 수 있다.

## 연구실 워크스테이션
## 컴퓨터 단말기

그레이스 오거스틴 박사와
AVTR 연구팀이 사용하는 이
곡면 스크린 단말기는 몰입감
있는 3D 디스플레이와
작업영역 공유 기능, RDA
데이터패드를 지원한다.

## 장거리 라디오

판도라를 가로질러 이동할
때 전자기 플럭스로 인해
라디오 신호에 종종
간섭이 발생한다.
이 휴대용 장거리
라디오는 해당
문제를 해결할 기술을 적용했다.

# 아바타 프로그램 장비

## 컴파스

무거운 짐에 시달리고 싶지 않은
관계자들이 야외에서 가볍게 이동할 때
사용한다.

## 쌍안경

적외선, 야시경 등 다양한 기능을 가진
쌍안경으로 원래 높은 아바타의 시력을
한층 더 끌어올린다.

## 조직 샘플 보관 유닛

아바타 프로그램 연구팀원들은 현장에서 채취한
샘플을 이 장비에 모아 헬스게이트로 가져온다.

## 토양 샘플 키트

토양 샘플을 채취하여
운반하는 키트이다. 뿌리
자극용 탐침, 샘플링 도구, pH
측정기로 구성된다.

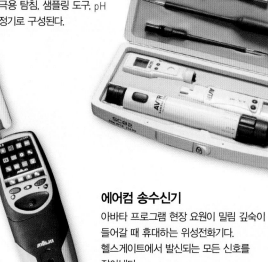

## 에어컴 송수신기

아바타 프로그램 현장 요원이 밀림 깊숙이
들어갈 때 휴대하는 위성전화기다.
헬스게이트에서 발신되는 모든 신호를
잡아낸다.

## 철저한 파괴

찬연하고 장엄했던 홈트리가 RDA 군의 공격으로
잿더미가 되었다. 한 생존자가 잔해 더미 속에 서 있다.

# RDA 군용기와 차량

## RDA 보안팀은 최신 기술이 적용된
## 전쟁 병기로 가득하다.

RDA 보안팀은 그들에게 적대적인 판도라의 동식물, 원주민의 공격을 최전선과 최후방에서 방어한다. 쿼리치 대령이 신병에게 했던 '환영 인사'를 인용하자면, "울타리 너머 날고 기는 모든 생명체가 너를 죽여 눈알을 뽑아 간식으로 먹으려 한다." 이런 상황을 전제로 RDA는 자신들의 자산 보호를 위해 현존하는 최신 군사기술을 보안팀에 아낌없이 제공했다.

군용기는 헬스게이트 현지에서 그라인더라는 대형 3D 프린터 설비로 제작된다. 스콜피언 건십이 밴시를 탄 나비족 전사들에게 격추되더라도 현지 자연에서 구한 원료를 사용해 필요한 부품들을 그라인더에서 찍어낸 후 새로 조립해 재배치하면 그만이다.

### C-21 드래곤 어설트십
대량 살상이 가능한 공중화기를 탑재한 드래곤은 판도라처럼 자기장이 강한 환경에서도 운용 가능하도록 업그레이드되었다.

### AT-99 스콜피언 건십
24시간 순찰에 투입되는 스콜피언은 RDA의 자원 보호에 매우 중요한 역할을 한다. 복고적인 디자인을 가진 기체는 판도라의 거친 환경에서도 잘 작동한다.

## 기지 전역을 보호

판도라는 울창한 열대우림부터 눈 오는 툰드라, 초원에서 광활한 바다에 이르기까지 온갖 기후와 지형이 공존하는 세계다. RDA는 자신들의 무기가 지구에서처럼 판도라 전역에서 온전히 작동해야 한다는 원칙을 세웠다. 조직별로 배치된 군용기 및 차량은 하나같이 막강한 화력을 자랑해 나비족, 짐승의 습격은 물론 저항하는 자는 누구든지 무자비하게 부숴버릴 것이다.

### 69-IA 수상수송선

67-IA는 대형 수송선의 무장 경호를 담당하는 4인용 선박이다. RDA는 현장요원, 아바타, 과학자 등 소규모 팀이 물을 건너는 용도로 사용한다.

### GAV(지상강습차량) JL-723 '스완' ('스완' 지상강습차량)

GAV 스완은 RDA의 전 지형 지상강습차량이다. 각종 화기로 장식된 이 차량은 고속 이동이 가능하고 퍼멀로이 합금 장갑을 장착했다.

# 제원(諸元)

**공식 명칭:** MK-6 이동식 플랫폼 장갑 슈트

**기능:** 혹독하고 유독성 환경에서 군사 및 민간 임무를 수행하는 보행식 무장 플랫폼

**전고:** 4.2m

**중량:** 1,700kg

**무장:** 탈착식 GAU-90 30mm 기관포(휘어지는 벨트형 탄창), 화염방사기 장착 가능, 대형 세라믹 나이프

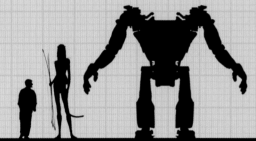

### 체급 차이

인간과 나비족 사냥꾼, AMP 슈트의 신장을 비교했을 때 슈트의 위협적인 존재감이 더욱 두드러진다.

### 원초적인 힘

조종사는 안전한 슈트 내부에서 나무 밑동을 부수거나 대형 화물을 들거나 무기로 공격할 수 있다.

# AMP 슈트

## 유압식 보행 장갑으로 무적에 가까운 외골격 슈트

증폭형 보행 플랫폼Amplified Mobility Platform(AMP 슈트)은 21세기 중반 지구에서 처음 사용했던 군용 외골격이 발전된 모델이다. AMP 슈트는 수십 년 넘게 전장에서 실전을 거치면서 개량을 거듭해 판도라의 유독성 대기와 위험한 환경에서도 그 쓸모를 인정받았다. AMP 슈트는 다목적 기기로 보병이 수행하는 모든 움직임을 따라 할 수 있다. 군인은 무기 작동 외에도 여러 가지 임무를 수행하므로 AMP 슈트는 사람처럼 두 팔과 두 다리, 그리고 정교한 동작이 가능한 손을 필요로 한다. 그 결과 폭넓은 움직임으로 다양한 무기를 다룰 수 있도록 설계되었다. 조종사는 최첨단 전기신호 인식체계로 슈트를 조종하며 조종사가 팔을 움직이면 슈트가 즉각 반응한다.

## 기능성 슈트, 새로운 시작

나비족과 RDA측 인간이 충돌을 겪은 후 오랜 세월이 지나 에코 투어리즘 기업인 알파 센타우리 엑스퍼디션(ACE)에서 관광객을 판도라로 보내기 시작한다. ACE는 판도라 생태계 보호와 탐사 보조 및 교육 목적으로 유틸리티 슈트, 일명 Ute 슈트를 함께 보냈다. 이 슈트는 과거 RDA 외골격에서 더욱 향상되고 정교해진 모델이다. RDA의 AMP 슈트와는 달리 Ute 슈트는 평화적인 연구 목적으로만 사용되었다.

### 전쟁이여 안녕
아름다운 모아라 계곡을 찾은 관광객들은 Ute 슈트를 장착한 ACE 직원이 판도라 보호활동을 하는 모습을 볼 수 있다.

# 자동화기

## MBS-22A 자동 센트리 건

감시탑에 설치되어 있으며 헬스게이트를 공격하는
자가 누구든 압도적인 화력을 선사한다.

## MBS-9M 50 구경 히드라

히드라의 주용도는 RDA 건십의 도어건이다.
지상군은 휴대용 경기관총 대용으로 쓸
수도 있다.

## GS-221 30 구경 경기관총

이 무기는 목표물이 조준선에 완전히 들어오지
않아도 총알이 명중되도록 프로그래밍하는 기술이
적용되었다.

# 수류탄

RDA는 소이탄, 대인탄, 연막탄 등 목적에 따라
다양한 수류탄을 사용한다. 투척 시 '스푼'이라는
녹색 플라스틱이 떨어져 나가 타이머가 발동된다.
폭파 지연 다이얼이 있어 기폭시간을 2초에서
8초까지 조절할 수 있다.

소이 수류탄

대인용
수류탄

연막
수류탄

# 권총

## SN-9 WASP 리볼버

기존의 RDA 사이드암으로는 상대가 쉽지 않은
판도라에 서식하는 위험하고 큰 동물에 맞춰 총구를
추가 제작한 총이다.

## RDA 사이드암

이 소구경(8mm) 무기는 연사 속도와
파괴력보다 간결함과 신뢰성에
초점을 맞췄다.

# 폭발물

## 데이지 커터

대규모 폭발장치로 소이탄 여러
개를 함께 연결하여 파괴 효과를
극대화한다. 일명 데이지 체인.

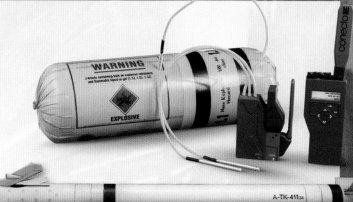

## 히드라 70-로켓

70mm 로켓으로 토착동물을 상대할 여러 가지 고폭탄과 백린탄,
TDCMD(지연식 집속탄 확산)가 장착되어 있다.

## AMP 슈트 화기

### GAU−90 30mm 기관포
대형 생명체를 상대로 재래식 무기처럼 사용하기도 하지만 고폭탄의 위력은 울창한 잎을 뚫고 길을 만들 때 탁월한 효과를 자랑한다.

### 부시보스 FD−3
이 화염방사기는 땅을 밀기에 앞서 나무와 식물을 광범위하게 정리할 때 주로 사용된다. 야생동물을 격퇴하고 나비족이 공격할 때 두려움을 주는 도구이기도 하다.

### AMP 슈트 나이프
AMP 슈트의 팔 아래쪽에 부착된 고장력 합금커터로 주 용도는 정글을 헤쳐 나가며 길을 만드는 데 쓰인다.

### 전투용 산탄총
이 무기는 공중폭발 수류탄이나 고폭탄, 장갑관통형탄 등 다양한 20mm 탄약을 사용한다.

# RDA 무기

## 22세기 가장 혹독한 환경 아래 임무 수행을 위해 설계된 최첨단 군용 장비

RDA 보안팀은 판도라에서 그 무엇과도 맞설 준비를 갖췄다. RDA를 약탈자로 간주하는 오마티카야 원주민 전사를 상대하기 위해 강력한 무장 상태를 유지하고 있다. 또한 판도라의 적대적인 야생동물이 공중이나 지상, 바다를 통해 치명적인 공격을 감행할 가능성도 대비해야 한다.

헬스게이트 곳곳에 배치된 대형 기관총으로 기지 주변을 철저히 주시한다. 보안팀원들 또한 다양한 무기로 무장하고 언제든 발사 가능하다. 이들은 장갑차를 비롯해 폭탄, 미사일, 수류탄, 화염방사기, 자동화기, 전투용 슈트까지 사용할 수 있어 스팅뱃 같은 비행 생물의 공격을 물리치거나 저항하는 오마티카야 부족을 박살 내기에 충분하다. 보안팀의 무자비한 사령관 마일스 쿼리치 대령은 부하들의 총알이 나비족의 활과 화살을 압도할 것이라고 자신만만하다. 늘 그랬듯이.

## CARB 무기 시스템

### CARB 기관단총
헬스게이트 기지 보안팀원이 주로 사용하며 파일럿이나 차량 운전사에게도 지급된다.

### CARB 베이스 유닛 자동소총
이 총은 연장 총열, 20mm 탄약 발사기, 주간/야간 광학 망원조준경을 추가로 장착할 수 있다.

### CARB 자동소총과 산탄총
상부 베이스 유닛에 CARB 산탄총 모듈을 장착했다.

## 공중전

영혼의 나무를 폭격하는 RDA을 필사적으로 격퇴하는 나비족 전사가 스콜피언 건십을 공격할 태세를 갖추고 있다. 나비족의 화살은 RDA 장갑 군용기의 강화 캐노피 유리를 관통할 정도로 엄청난 공격력을 자랑한다.

# 8장

# 새로운 시작

# 열대우림 저 너머

**판도라는 지구와 마찬가지로
다양한 이국적인 생태계를 간직하고 있다.**

오마티카야 부족의 보금자리인 열대우림으로부터 멀리 떨어진 판도라의
아름답고 평화로운 산호섬에는 메트카이나 부족이 살고 있다.

  동족이 살던 밀림처럼 이곳 산호초에는 다종다양한 동식물들로
가득하며, 넘실거리는 파도 위 하늘과 깊은 바닷속에 이르기까지
판도라의 다양한 환경과 어우러져 서식한다.

**파파만티스 나무**

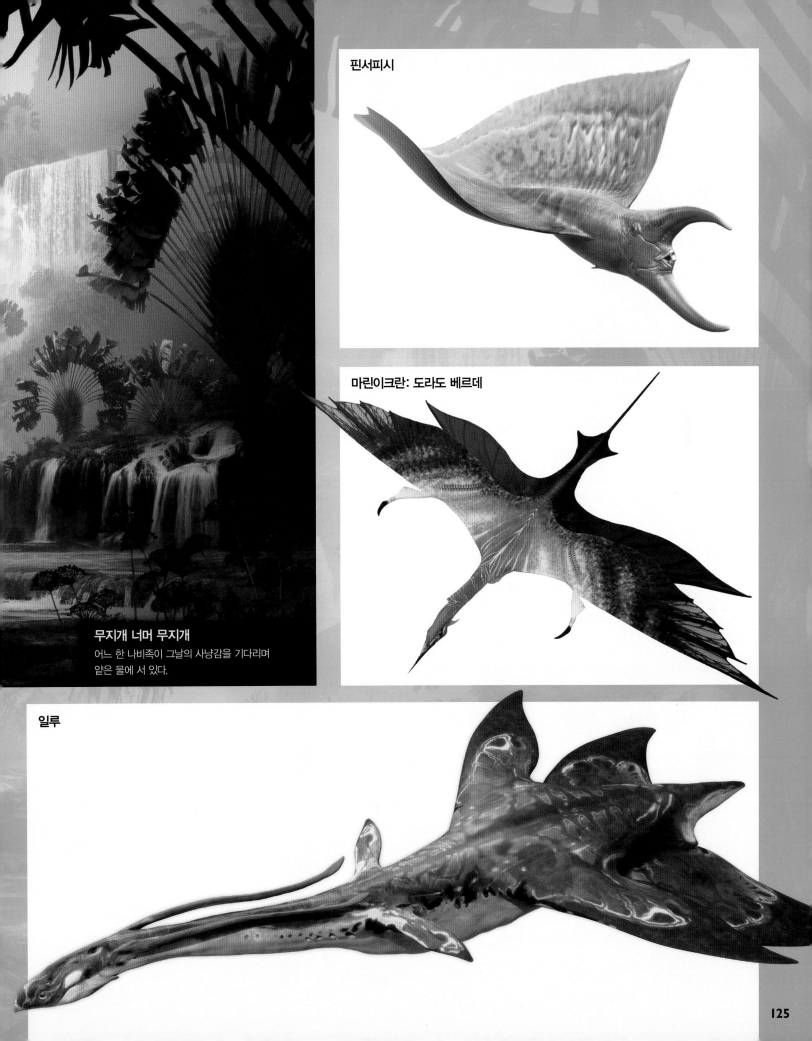

핀서피시

마린이크란: 도라도 베르데

**무지개 너머 무지개**
어느 한 나비족이 그날의 사냥감을 기다리며
얕은 물에 서 있다.

일루

# 색인

## ㄱ

고블린시슬 25
권총 118
그라인더 114
그럽 플랜트 24
그레이트 레오놉테릭스 **42-43**, 48, 49, 77
　　토루크 참조
그레이트 오스트라피드 39

## ㄴ

나링 19
나무 **22-23**
나비족 19, 22, 23, 124
　　무기 58-59
　　부족 68-71, **76-79**, 124
　　사회 56-59, 72-73
　　신체적 특징 **54-55**
　　언어 **62-63**
　　역사 56, **64-65**
　　의식 17, 45, 58, 59, **60-61**
　　종교 56, **82-89**
날루차 50
네이티리 55, 63, 70-71, 82-83
노래하는 주술사 65, 71
노랫줄 57

## ㄷ

다이어호스 19, **34-35**, 55, 79
닥테론 24
도라도 베르데 125
드래곤 어설트십 114
드림헌트 38, 58, 59, 61
디닉토이드 51

## ㄹ

랄루 64, 71

레이저팜 23
리자드 나무 23
리프틱 51
리프피처 24

## ㅁ

마운틴밴시 17, **44-45**, 46, 49, 60, 73
만물의 어머니 에이와 참고
말목 14-15
메트카이나 부족 124
모아라 계곡 49, 65, 117
모앗 70-71, 83
몬스 베리타티스 44
무기
　　나비족 50, 58-59
　　RDA 114, 117, 118-19

## ㅂ

바다 50, 124-125
바위 아치 14, 17, 87
바위 고리 말목 참고
바이너리 선샤인 24
바이퍼울프 **30-31**, 108
발키리 왕복선 **96-97**, 101
밴시 오브 파라다이스 25
베인팟 25
'보다' 60, 62, 71, 87
　　　　보안팀SecOps **108-9**, 111, 114, 119
　　　　무기 **118-19**, 121
　　　　우주선 **94-97**, 101
　　　　비트라야 라무농 소리의 나무 참고

## ㅅ

사냥 36, 40, 50, **58-59**, 78
사지타리아 50, 51
샘플 수집 111

생채발광 12
　　나비족 55
　　동물 49, 51
　　식물 22, 24, 87, **88-89**
설리, 제이크 32, 43, 65, 71
셀리아프루트 나무 22
셀프리지, 파커 104, 108, 109
소리의 나무 88-89
수류탄 118
수상수송선 115
스콜피언 건십 114, 121
스콜피언시슬 25
스퀴드프루트 나무 23
스팅뱃 48, 49, 119
스텀비스트 36, 40, 46, 51
스펠먼 박사, 노엄 103, 105, 109
슬린스 37
슬링어 36
시미플라이 48, 49
시슬버드 24
식물 **24-25**
실라펀트 25
실와닌 70-71, 89
CARB 무기 시스템 119

## ㅇ

아네모니드 24
아네모노이드 51

아누라이 부족 78
아라크노이드 36, 38, 61
아바타 프로그램 99, **102-03**, 104-05, 111
아이람 알루싱 할레루야 산 참고
아쿨라 50
아크웨이 79
아토키리나 83, 83, 87
알파 센타우리 엑스퍼디션 ACE 참고
언옵타늄 15, 17, 87, 94, 99
에이와 58, 60-61, 82-83, 87, 88
　에이투칸 58, 70-71
　에피소스 나무 22
　엔투 64, 71
　연구팀SciOps 102, 103, **104-5**,
　110-11
　열대우림 **18-19**, 101
　동물 28-52
　　식물과 나무 22-26
　　영혼의 나무 60, 82-84, **86-87**,
　　121
　오거스틴 박사, 그레이스 63, 102,
　104-05
오마티카야 부족 42, 44-46, 60, **68-69**, 119
　홈트리 **72-75**
　부족 인물 **70-71**
오스트라피드 38
올랑기 부족 79
올로에이크탄 61, 70, 76, 79
우닐타론 드림헌트 참고
우트라야 모크리 소리의 나무 참고
울프틱 38
워보넷고사리 24

웨인플릿 상병, 라일 109
유니델타 나무 22
유틸리티 슈트('Ute 슈트') 117
이산화탄소 12, 25
이크니마야 17, 44, 46
이크란 도라도 베르데, 마운틴밴시 참고
일루 125
이케이니 76
ACE 65, 117
AMP 슈트(Amplified Mobility Platform) 109,
**116-17**, 119
ISV 벤처스타 **94-95**
RDA 48, 54, 63, 65, 71, 72, 87, 99, 101
　군용기 및 차량 **114-15**
　장비 **110-11**, **116-17**
RDA 아바타 54, 63, 102, 103, 107

## ㅈ

자동화기 118
자원개발관리 RDA 참고
장례식 60
제논 25, 45
쯔테이 65, 70-71, 89
GAV(지상강습차량) 115

## ㅊ

차콘, 트루디 109
차헤일루 34, 45, 55
차히크 61, 63, 78, 83
채굴 65, 99
챌리스 플랜트 24
최초의 노래 56, 64
최초의 노래의 시대 56
최초의 큰 슬픔 43

## ㅋ

카날리드 24
캐논볼 나무 23
캣이어 24
케쿠난 부족 77
쿠루 35, 36, 45, 55, 87, 88
　쿼리치 대령, 마일스 108-09, 114
　퀀텀 락킹 플럭스 피닝 참고
　퀴라스게 38, 78
　키메라 103

## ㅌ

타나토어 31, **28-29**, 55
타이랑기 부족 60, 76
타우카미 부족 64, 77
타이타노데어 해머헤드 타이타노데어 참고
타피루스 36, 39
터타피드 51
테트랍테론 48, 49
토루크 42-43, 48, 55, 64
토루크막토 43, 64, 65, 71, 76, 77
통신 장비 111
트위스티드 릴리 24
티살 64, 77
티파니 부족 78

## ㅍ

파노피라 19, 22
'파란 플루트 부족' 69
파텔 박사, 맥스 105, 110
파파만티스 나무 125
판도라 **12-13**, 14-15, 16, 24
팔리 다이어호스 참고
팬리자드 24, 38
폭발물 118
폴리페무스 12-13, 14, 16
프롤레무리스 36, 39
프왐폽 타피루스 참고
플라스카 리클리나타 25
플럭스 볼텍스 14
플럭스 피닝 14
핀서피시 125

## ㅎ

'하늘사람들' 19, 56, 65, 70
할렐루야 산 14, 16-17, 44-45, 109
해머헤드 타이타노데어 32-33, 38
헥사피드 36, 49
헬리코라디안 19, 24
헬스게이트 98-99, 101, 114, 118-19
　인물 104-09
헬파이어 와스프 48, 49
호흡팩 111
홈트리 18, 72-75, 113
활쏘기 34, 58-59, 121
황화수소 12, 25

**DK** | Penguin Random House

**Senior Editor** Alastair Dougall
**Senior Designer** Nathan Martin
**Project Editor** Beth Davies
**Project Art Editors** Jon Hall, Jenny Edwards, Toby Truphet
**Cover Design** LLÖ
**Pre-production Producer** Siu Chan
**Senior Producer** Mary Slater
**Managing Editors** Paula Regan, Sarah Harland, Emma Grange
**Managing Art Editor** Jo Connor, Vicky Short
**Publishing Director** Mark Searle

**DK would like to thank the following for their assistance in making this book:**
James Cameron, Jon Landau, Joshua Izzo, Reymundo Perez, Ben Procter, Dylan Cole,
Deborah L. Scott, Joseph C. Pepe, Zachary Berger, Hana Scott-Suhrstedt, Shealyn Biron,
Fausto De Martini, Jonathan Berube, Aashrita Kamath, Sasha De Mello, Alex Wolff,
Jeff Reeves, Lisa Fitzpatrick, Danny Shelby, Kathy Franklin, LeAnne Arnold, Anneke
Suyderhoud, and Zachary Kennedy at Lightstorm; Carol Roeder and Nicole Spiegel
at 20th Century Studios.

**Dorling Kindersley would also like to thank:** Julie Ferris, Lisa Lanzarini,
Thomas Hoeler at PRH, and Julia March for proofreading and the index.

First published in Great Britain in 2022
by Dorling Kindersley Limited
One Embassy Gardens, 8 Viaduct Gardens,
London SW11 7BW
A Penguin Random House Company

Page design by Dorling Kindersley Limited.
22 23 24 25 26 10 9 8 7 6 5 4 3 2 1
001–315724–March/2022

For the curious

www.dk.com

## 아바타의 세계 시각적 탐사

**글** 조슈아 이조 | **서문** 조 샐다나 | **기획** 존 랜도 | **옮긴이** 이진구
2022년 12월 16일 초판 1쇄 발행

**펴낸곳** 아트앤아트피플 | **펴낸이** 송영희 | **디자인** 이유리 | **마케팅** 김철웅
**공동제작 · 인쇄** DK (Printed in bound in china)
**출판등록** 2015년 7월 10일 (제31-2015-000048호)
**주소** (우07535) 서울특별시 강서구 양천로 67길 32
**전화** 070-7719-6967 | **팩스** 02-6442-9046
**홈페이지** http://www.artartpeople.com | **이메일** artnartpeoplekr@gmail.com
**ISBN** 979-11-90372-30-5(03680)

**옮김 이진구**
과학 분야 리뷰어이자 번역가.
경북대학교에서 수의학을 전공하고,
동대학원 병리학 석사를 취득했다. 해박한
전공 지식을 바탕으로 글밥 아카데미 수료 후
바른번역에서 과학 분야 리뷰와 번역작업을
진행하고 있다. 번역서로는 「DK 개 백과사전」
등이 있다.